招招狠象棋全攻略破解系列

和杀定式

傅宝胜　朱兆毅　主编

时代出版传媒股份有限公司

安徽科学技术出版社

图书在版编目(CIP)数据

和杀定式 / 傅宝胜,朱兆毅主编.--合肥:安徽科学
技术出版社,2017.7(2022.6 重印)
(招招狠象棋全攻略破解系列)
ISBN 978-7-5337-7213-0

Ⅰ.①和… Ⅱ.①傅…②朱… Ⅲ.①中国象棋-残
局(棋类运动) Ⅳ.①G891.2

中国版本图书馆 CIP 数据核字(2017)第 114812 号

和杀定式 　　　　　　　　　　　　傅宝胜　朱兆毅　主编

出 版 人:丁凌云　　　选题策划:刘三珊　　　责任编辑:杨都欣
责任印制:梁东兵　　　封面设计:吕宜昌
出版发行:安徽科学技术出版社　　　http://www.ahstp.net
(合肥市政务文化新区翡翠路 1118 号出版传媒广场,邮编:230071)
电话:(0551)63533330
印　　制:三河市人民印务有限公司　　电话:(0316)3650588
(如发现印装质量问题,影响阅读,请与印刷厂商联系调换)

开本:710×1010　1/16　　　印张:9.5　　　字数:171 千
版次:2022 年 6 月第 2 次印刷

ISBN 978-7-5337-7213-0　　　　　　　　　定价:29.80 元

前　　言

　　象棋历史悠久,是中华民族的文化瑰宝,集科学性、艺术性、竞技性、趣味性于一体,以其特有的魅力,吸引着数以万计的爱好者。

　　象棋在培养逻辑思维能力、形象思维能力、空间想象力、指挥能力、应变能力、比较选择能力、计算能力以及大局意识等方面都大有裨益,同时也可以陶冶情操、锻炼意志。

　　本套书中,《入局飞刀》的精妙、《流行布局》的理念、《战术妙招》的组合、《中局杀势》的明快、《杀王技巧》的过程、《妙破残局》的功夫、《和杀定式》的套路、《江湖排局》的奥妙,皆一览无余地展现在读者面前。读者通过本套书的学习,必能迅速提高象棋水平。

　　参加本套书编写的人员有朱兆毅、朱玉栋、靳茂初、毛新民、吴根生、张祥、王永健、吴可仲、金宜民。象棋艺术博大精深,丛书中难免有不当之处,敬请广大读者指正。

编者

目 录

目 录

第一章　实用残局之和杀

第1局　止戈为武

和杀要诀：

红兵盯住将，

红帅牵制卒。

着法：红先和（图1-1）

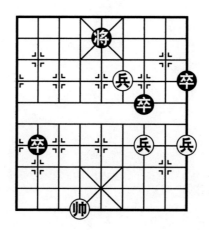

图1-1

1. 兵四平五①，卒2平3。

2. 兵五平六，卒3平4。

3. 兵六进一，卒4平5。

4. 帅六平五！将5平6。

5. 兵六平五，卒5平6。

6. 帅五平四！将6退1。

7. 兵五进一,卒 9 进 1。

8. 帅四进一。

和棋。

注:①红方首着如改走兵一进一,则卒 2 平 3,兵四平三,卒 3 平 4,兵三平二,卒 4 平 5,兵二平一,卒 5 平 6,后兵进一,卒 6 平 7,后兵平二,后卒进 1,兵二平三,前卒平 6,兵三平四,卒 6 平 5,兵四进一,卒 5 进 1,兵四进一,卒 5 进 1,红兵速度慢,黑胜。

第 2 局　兵相望月

和杀要诀:

将占左右肋,

兵难进花心。

黑士落底线,

兵吃也不赢。

着法:红先和(图 1 - 2)

1. 兵五进一①,将 5 平 6。

2. 兵五平四,士 4 进 5。

3. 兵四平五,士 5 退 4。

4. 帅五进一,将 6 进 1。

5. 相五进三,将 6 退 1。

6. 兵五平六,将 6 进 1。

7. 兵六进一,将 6 退 1。

8. 兵六进一,将 6 进 1。

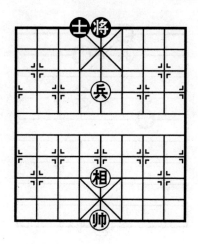

图1-2

和棋。

注:①红方首着如改走帅五平四,则士4进5,兵五进一,士5退6,帅四平五,将5平4! 兵五平六,士6进5,兵六平五,士5退6,和棋。

第3局　收兵罢战

和杀要诀:

士象守和高低兵,

宜用士退底线应。

将上二路最安全,

无事闲着有象飞。

着法:红先和(图1-3)

1. 帅五平四①,士4进5。

2. 帅四进一,象3退1。

3

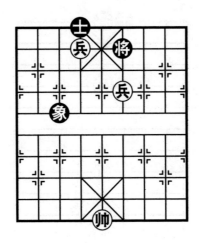

图 1-3

3. 帅四平五，士 5 退 6^②。

和棋。

注：①红方首着如改走兵六进一，则象 3 退 1，帅五平四，象 1 进 3，兵四进一，将 6 平 5。红方形成一低兵一老兵，仍不能胜单象，和棋。

②本局是单士象例和高低兵的定式图例。即将上二路，士退底线，利用象走闲着。

第 4 局　力战成和

和杀要诀：

双卒双士子力多，

仕兵力战得成和。

兵不遮头奔象眼，

巧制黑方无奈何。

着法:红先和(图1-4)

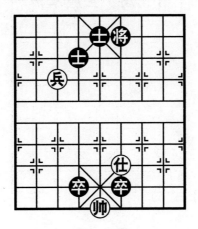

图1-4

1. 兵七进一^①,将6退1。

2. 兵七进一,将6平5。

3. 兵七平六,卒6平7。

4. 帅五平四,将5平6。

5. 帅四平五! 将6平5。

6. 帅五平四,士5退4。

7. 兵六平七,将5进1。

8. 兵七平八,将5进1。

9. 兵八平七,将5平6。

10. 帅四平五。

和棋。

注:①关键之着。红方首着如改走兵七平六,则将6退1,再运将至4路,落士露头,黑胜。本局红方利用步数上的巧合,及时进兵牵制黑将,形成和局。

第 5 局　三顾草庐

和杀要诀:

高低三个兵,

不胜士象全。

高兵肋难下,

黑方象走闲。

着法:红先和(图 1 - 5)

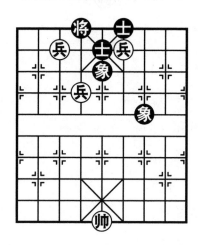

图 1 - 5

帅五平六,象 7 退 9。

和棋。

因红方双兵下至黑方下二路,红六路兵不得直进,黑方只须走象 9 进 7 或象 7 退 9,以象走闲,即成和棋。若红七路兵后退一格,则为红胜。介绍如下:兵六进一! 将 4 平 5,兵六进一,象 9 进 7,帅六平五,象 7 退 9,兵六平五,士 6 进 5,兵七进一,士 5 进 6,兵七平六,象 9

进 7,帅五平六,士 6 退 5,兵六平五,红胜。

第 6 局 孤雁折群

和杀要诀:

此种局势有讲究,

帅相同侧莫犯愁。

唯相落底能成和,

千万莫要飞河头。

着法:红先和(图 1-6)

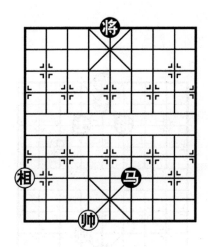

图 1-6

1. 相九退七^①! 将 5 进 1。

2. 相七进五,将 5 进 1。

3. 相五退七。

和棋。

注:①本局首着红若误走相九进七,则马 6 退 4! 以后不管红帅

7

六进一或相七退九,黑马均可分别采取抽将或禁着擒住红相。

一般来说,帅在右相在左,即"门东户西"是防守单马的正和局,只须防马挂角禁双,就万事大吉了。

第7局 扣马苦谏

和杀要诀:

炮卒双士马能和,

全仕禁将办法多。

将如进中用马赶,

黑动中士帅先占。

着法:红先和(图1-7)

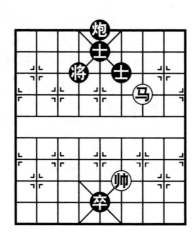

图1-7

1. 马三进二,将4平5。

2. 马二退三! 士5退4。

3. 马三进二,将4退1。

4. 马二退三,士 5 退 4。

5. 帅四平五! 士 4 进 5。

6. 帅五平四,卒 5 平 4。

7. 马三进二,炮 5 平 8。

8. 帅四平五,将 4 进 1。

9. 马二退三,炮 8 进 3。

10. 马三退四,炮 8 平 6。

11. 马四进三。

和棋。

本局红马恰好能控制黑将居中,所以成和。

第 8 局　只马当仕

和杀要诀:

缺仕有马可和车,

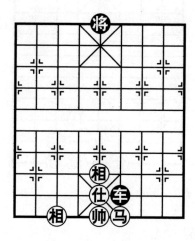

图 1-8

马安仕角无危险。

着法:红先和(图1-8)

相七进九。

和棋。

第9局　只马当象

和杀要诀:

只马当相亦和车,

高低仕角能防守。

低马中相最安全,

高马须防塞相眼。

着法:红先和(图1-9)

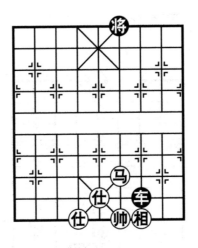

图1-9

1. 相三进五^①,车7平9。

1. 相三进五①,车7平9。

2. 相五退三,车9进1。

3. 帅四平五,将 6 进 1。

4. 仕五进六,车 9 退 1。

5. 帅五平四。

和棋。

注:①红方首着如误走帅四平五,则车 7 平 6 塞相眼即胜。以下
为:马四进五,将 6 平 5,相三进一,车 6 退 3,马五进六,车 6 平 9,相一
退三,车 9 进 4,红方失相,黑胜。

第 10 局　车象徒劳

和杀要诀:

主帅不离中,

兵相切莫动。

闲着走帅马,

应付好从容。

着法:红先和(图 1 - 10)

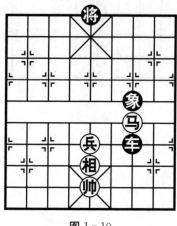

图 1 - 10

1. 帅五退一,车 7 进 1。

2. 帅五进一,将 5 进 1。

3. 马三进五。

和棋。

第 11 局 朽索御马

和杀要诀:

高相边联马居中,

形成"三相"车难攻。

着法:红先和(图 1－11)

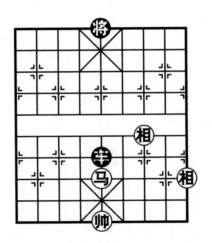

图 1-11

1. 帅五进一,车 5 平 2。

2. 帅五退一,车 2 进 3。

3. 帅五进一,车 2 平 4。

4. 帅五平四,车 4 平 5。

5. 马五进六,车5退4。

6. 马六退五。

和棋。

第12局　固守无虞

和杀要诀:

低相双联炮掩中,

叫做"三相"车难攻。

车不撵炮不离中,

相紧相连切莫动。

着法:红先和(图1-12)

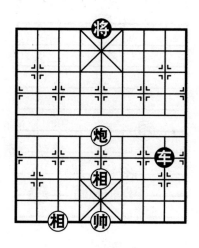

图1-12

1. 炮五进一,车8平5。

2. 炮五平三,车5退2。

3. 炮三退一,车5平8。

和棋。

注:本局是炮双相守和单车最容易形成的局面。正宗的炮三相为:把图1-12中的五路相改摆在九路,炮在中相位,也是正和局。

第13局 腹背无患

和杀要诀:

帅相分左右,

定要帅露头。

相宜边上飞,

中仕莫乱动。

着法:红先和(图1-13)

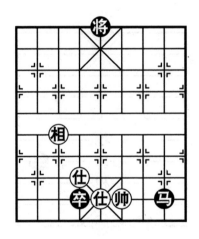

图1-13

1. 相七退九①,马8退7。

2. 帅四退一,马7退6。

3. 相九进七,马6进5。

4. 相七退五,将5进1。

5. 帅四进一,马5退6。

6. 相五进七,将5退1。

7. 帅四退一。

和棋。

注:①红方首着如改走仕五退四,则马8退7,帅四进一,马7退5,帅四平五,将5平6,仕六退五,马5进3,帅五平六,将6平5,仕五进四,卒4进1! 入底破仕胜(卒4平3,再运马到2路叫将亦胜)。

第14局　太公坐椅

和杀要诀:

缺仕能和马低卒,

必定老帅要露头。

仕落底线藏帅底,

相在中路紧相连。

着法:红先和(图1-14)

1. 相一进三①,马8进7。

2. 帅四进一,将5进1。

3. 相五进七,马7退5。

4. 帅四退一,马5进4。

5. 相七退五,马4退5。

6. 相五进七。

和棋。

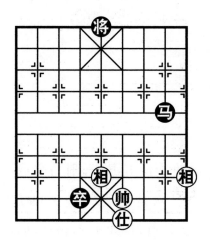

图 1-14

注:①红方首着如改走相五进三,则马 8 进 7,帅四进一,马 7 进 8,帅四退一,将 5 进 1! 红方欠行,黑方必得相胜。

第 15 局　匹马平戎

和杀要诀:

马借"高吊"急返乡,

回马金枪巧踩双。

红帅坐中登大堂,

再上二路安无恙。

着法:红先和(图 1-15)

1. 兵七进一,将 4 进 1。

2. 马九退七,将 4 进 1。

3. 马七退五,将 4 退 1。

4. 马五退四! 卒 5 平 6。

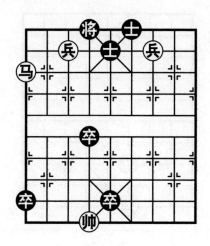

图 1-15

5. 帅六平五^①！卒 4 进 1。

6. 马四退二,卒 6 平 7。

7. 帅五进一。

和棋。

注:①红方如误走马四进六,则卒 6 平 5,黑胜定。

第 16 局　双兵徒劳

和杀要诀:

一马可和高低卒,

用马盖帅最讲究。

不给红帅助攻机,

太平无事乐悠悠。

着法:红先和(图 1-16)

1. 帅六进一,马 4 退 5。

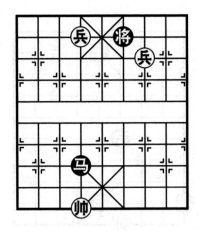

图 1－16

2. 帅六平五,马 5 退 4[1]!

3. 帅五退一,马 4 进 5。

4. 帅五进一,马 5 退 4。

和棋。

注:①黑方此着以防兵六平五,是守和要着。

第 17 局　一马化龙

和杀要诀:

困帅走马,困马走帅。

左右掩护,一马化龙。

着法:红先和(图 1－17)

1. 马六进五,卒 9 平 8。

2. 马五进四,卒 8 平 7。

3. 马四进五,卒 7 平 6。

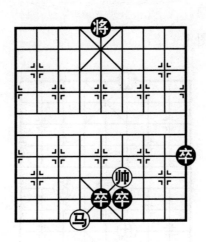

图 1-17

4. 帅四平五,将 5 进 1。

5. 帅五平六,卒 6 平 5。

6. 马五退四！将 5 退 1。

7. 马四进五,卒 5 平 4。

8. 帅六平五,将 5 进 1。

9. 帅五平四,卒 4 平 5。

10. 马五退六！

和棋。

第 18 局　兵马劳顿

和杀要诀:

出帅暗保六路仕,

闲暇之时帅居中。

防卒落底相难飞,

记住此诀棋不输。

着法:红先和(图1-18)

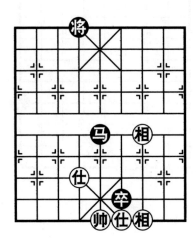

图1-18

1. 帅五平六,马5进3^①。

2. 帅六平五^②,马3进2。

3. 仕六退五,马2退3。

4. 仕五进六,马3进1。

5. 帅五平六,马1退3^③。

6. 帅六平五,马3退5。

7. 帅五平六,马5进6。

8. 相三进一,马6进8。

9. 帅六平五。

和棋。

注:①黑方如改走马5进6,则红相三退五,马6进8,帅六平五,亦和。

②红方如改走相三退一,则黑卒6进1破单仕相胜定。

③黑方如改走卒6进1去仕,则红方相三进五,马1退3,相五进

七,和。

第19局　平定中原

和杀要诀:

单象可和炮低兵,

黑将必须底线行。

徒有空炮无炮台,

黑象走闲享太平。

着法:红先和(图1-19)

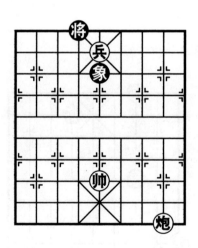

图1-19

1. 炮二进六,象5进3。

2. 炮二平六,象3退1。

3. 炮六平八,象1退3。

4. 炮八进二,象 3 进 5。

和棋。

注:本局黑将若在宫顶上,则不能和。胜法:炮二平五,象 5 进 7,帅五退一!象 7 退 9,炮五平八,象 9 进 7,炮八进七,以将做炮架,捉死黑象,胜。

第 20 局 努力固守

和杀要诀:

孤相巧和炮卒象,

帅相与卒同一旁。

临危退相藏卒底,

不输困毙喜洋洋。

着法:红先和(图 1-20)

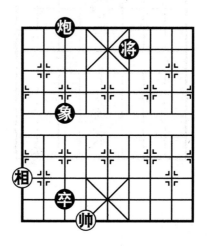

图 1-20

1. 相九退七,卒 3 平 2。

2. 相七进五,将6进1。

3. 帅六进一! 卒2平3。

4. 帅六退一,将6平5。

5. 相五退七。

和棋。

第21局　休兵息炮

和杀要诀:

双象可和炮高兵,

将象必须异方向。

兵入九宫炮击象,

上将一着也无妨。

着法:红先和(图1-21)

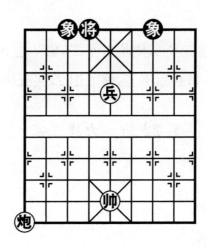

图1-21

1. 兵五平六,象3进5^①!

2. 炮九平五,将 4 进 1。

3. 帅五进一,将 4 退 1。

4. 兵六进一,将 4 平 5。

5. 炮五进七,将 5 进 1[②]!

6. 炮五退一,象 7 进 9。

7. 帅五平六,象 9 退 7。

8. 炮五平二,象 7 进 9。

9. 帅六退一,象 9 退 7。

10. 炮二进二,将 5 退 1。

11. 兵六进一,将 5 平 6。

12. 兵六平五,象 7 进 5。

和棋。

注:①黑方如误走象 7 进 5,则炮九平五,将 4 平 5,炮五进七,红胜。

②黑方如误走将 5 平 6,则炮五平二,象 7 进 9,炮二退一,象 9 退 7,炮二进二,将 6 进 1,兵六平五,将 6 退 1,兵五平四,红胜。

第 22 局　力战三寇

和杀要诀:

一炮双仕和三卒,

防守有法莫要愁。

帅仕安居不乱动,

用炮在前遮帅头。

着法:红先和(图 1-22)

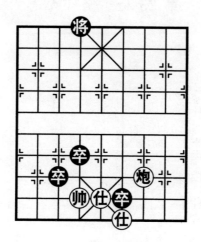

图 1-22

1. 炮三进二,卒 4 进 1。

2. 帅六退一,卒 4 进 1。

3. 帅六平五,将 4 平 5。

4. 炮三平五①! 卒 3 进 1。

5. 炮五退二,卒 3 进 1。

6. 炮五进一,将 5 平 6。

7. 炮五平六②! 将 6 平 5。

8. 炮六平五,将 5 平 4。

9. 炮五平六。

和棋。

注:①红方平中炮,以防黑卒破双仕,要着。

②红方守和要着! 如误走炮五平四,则卒 6 进 1! 帅五平四,卒 4平 5,再卒 3 平 4,黑胜。

第23局 坚守无恙

和杀要诀:

红仕跟随黑士走,

相宜飞边不落中。

帅仕被将拴链时,

迅速转移走为上。

着法:红先和(图1-23)

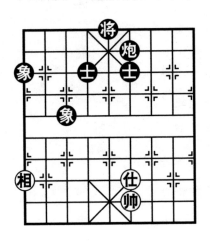

图1-23

1. 相九进七,将5平6。

2. 相七退九,炮6平1。

3. 相九进七,士6退5。

4. 帅四平五^①,将6进1。

5. 帅五退一,炮1退1。

6. 仕四退五^②,将 6 进 1。

6. 仕四退五②,将 6 进 1。

7. 帅五平六,炮 1 平 4。

8. 帅六平五,炮 4 平 6。

9. 帅五平六! 炮 6 平 4。

10. 帅六平五,将 6 平 5。

11. 帅五平四,士 5 进 6。

12. 仕五进四,炮 4 平 6。

13. 帅四进一,士 6 退 5。

14. 仕四退五,炮 6 平 5。

15. 相七退九,士 5 退 4。

16. 仕五进六。

和棋。

注:①红方如改走相七退五,则炮 1 退 1,帅四退一,将 6 进 1,帅四平五,炮 1 平 5! 帅五进一,炮 5 平 6,黑胜。

②红方如改走帅五平六,则炮 1 平 5! 相七退九,将 6 进 1,相九进七,将 6 平 5,仕四退五,炮 5 平 4,帅六平五,士 5 进 6,黑胜。

第 24 局　三教皈一

和杀要诀:

炮对三卒难成和,

此图弈和有妙方。

利用空头炮封锁,

长江天堑黑白忙。

着法:红先和(图1-24)

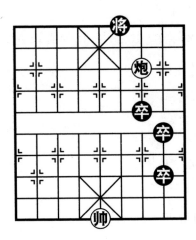

图 1-24

1. 炮三平四! 前卒平 7。

2. 炮四退七,后卒进 1。

3. 帅五进一,后卒进 1。

4. 帅五进一,卒 8 进 1。

5. 帅五退一,卒 8 进 1。

6. 帅五进一,卒 8 进 1。

7. 帅五退一,卒 8 平 7。

8. 帅五进一……

弈成附图局面时,红炮利用空头封住黑方三卒,使之无法接近红帅。至此黑攻入禁城一搏,有以下两种变化:

8. ……,卒 7 进 1。

9. 炮四进一,卒 7 进 1。

10. 炮四进一,卒 7 进 1。

11. 炮四进一。

以后红炮在四路线上进退活动,有闲着可走,黑方无法取胜。

8. ……,将 6 进 1。

9. 帅五退一,卒 7 进 1。

10. 炮四进一,卒 7 进 1。

11. 炮四进一,卒 7 进 1。

12. 炮四平九①,后卒平 6。

13. 帅五平六,后卒平 6②。

14. 帅六进一。

和棋。

注:①红方如误走炮四进一,则后卒平 6,炮四进一,后卒平 6,帅五平六,后卒平 5,炮四平五,将 6 平 5,炮五进一,卒 6 平 5,帅六退一,卒 5 平 4,黑胜。

②黑方如走卒 6 平 5,则红炮九退一打死黑下二路卒,也是和局。

第 25 局 华山隐士

和杀要诀:

黑士居心炮横禁,

慎防下将逼兑炮。

红炮遮中可无危,

各隐山上享太平。

着法:红先和(图 1 - 25)

29

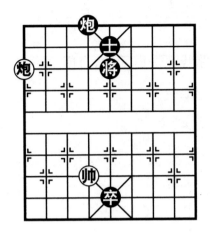

图 1-25

1. 炮九平八,炮 4 平 1。

2. 炮八平九,炮 1 进 1。

3. 炮九平八,炮 1 进 1。

4. 炮八退一,士 5 进 4。

5. 炮八平五,炮 1 退 1。

6. 炮五平六! 将 5 退 1。

7. 炮四平五! 炮 1 退 1。

8. 炮五平四,将 5 退 1。

9. 炮四平五,炮 1 平 4。

10. 帅六平五,将 5 进 1。

11. 帅五平四。

和棋。

第 26 局 子不离母

和杀要诀：

红炮守迎头,红帅只走闲。

着法：红先和(图 1 - 26)

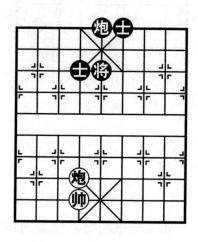

图 1 - 26

帅六退一。

和棋。

第 27 局 水中摸月

和杀要诀：

将炮宜行士不动,

将不进中棋不输。

着法：红先和(图 1 - 27)

1. 车七退一,将 4 退 1。

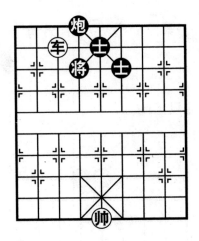

图 1-27

2. 帅五进一,炮 4 平 5。

和棋。

注:这是炮双士守和单车的局式,还有很多种,这是其中之一,象棋术语叫做"炮三士"。如本局炮与将的位置对调,也是和局。

第 28 局　保国宁家

和杀要诀:

主帅仕相归正位,

丝毫不给黑机会。

着法:红先和(图 1-28)

1. 相七退五^①!,车 3 退 2。

2. 相九退七,车 3 平 8。

3. 帅四平五。

和棋。

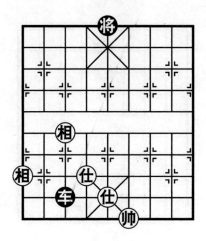

图 1-28

注:①保国宁家的原谱首着红方走帅四进一,则黑车 3 退 2,帅四退一,车 3 平 6,帅四平五,车 6 进 1! 黑捉仕,帅五平六,车 6 平 8,帅六进一,车 8 进 2,仕五进四,将 5 平 4! 仕四退五,车 8 平 2,仕五进四,车 2 退 2,红仕必丢,不能弈成和棋,黑胜。

第 29 局 单车保剑

和杀要诀:

车仕能和车低卒,

和杀要诀有两种。

车在宫顶保右仕,

太公坐椅车护头。

着法:红先和(图 1-29)

1. 车六平七,车 5 平 4。

2. 车七平六,车 4 平 7。

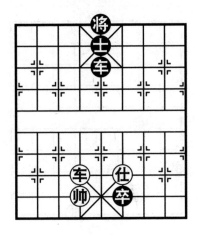

图 1 - 29

3. 车六平七,士 5 进 4。

4. 车七平六,车 7 进 5。

5. 车六平五①,士 4 退 5。

6. 车五平六。

和棋。

注:①红方不能走车六平七,否则黑卒 6 平 5,黑胜。

第 30 局　独占中原

和杀要诀:

红车不离中,

车炮无法攻。

着法:红先和(图 1 - 30)

帅五进一!

和棋。

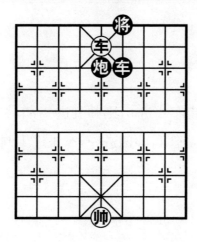

图 1-30

第 31 局 一心定国

和杀要诀:

车正并无沉底月,

老卒捞车一场空。

着法:红先和(图 1-31)

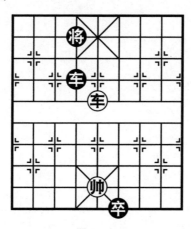

图 1-31

1. 车五退一,车 4 进 6[1]。

2. 帅五平四。

和棋。

注:[1]黑方如改走车 4 进 5,则帅五进一,车 4 进 1,帅五平四！卒 6 平 7,帅四退一,车 4 退 1,帅四进一,车 4 进 1,帅四退一,双方不变,和棋。

第二章　象棋古谱之和杀

第1局　雪压梅梢

着法:红先和(图2-1)

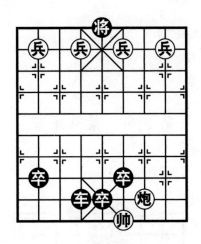

图2-1

1. 兵六平五,将5平4。

2. 炮三平六,卒5平6。

3. 帅四平五,后卒平5。

4. 帅五平六!……

红方另有两种走法,均负:①兵八平七,卒5进1,帅五平六,卒5平4,帅六平五,卒4平5,黑胜;②炮六进七,卒5进1,帅五平六,卒6进1,兵五进一,将4平5,炮六平五,卒2平3,兵八平七,卒3平4,黑胜。

4. ……卒 5 进 1。

5. 兵五进一! 将 4 进 1。

黑如误走将 4 平 5 去兵,则炮六平九! 卒 6 进 1,炮九退一,卒 2 平 3,兵八进一,卒 6 平 5,炮九平五,卒 5 进 1,帅六进一,红方胜定。

6. 炮六进六!! 卒 5 进 1。

7. 帅六进一,卒 6 平 5。

8. 帅六平五,将 4 进 1。

9. 帅五退一。

和棋。

第 2 局　紫燕穿帘

着法:红先和(图 2 - 2)

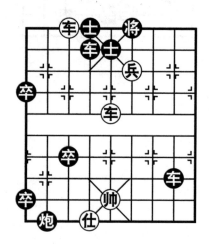

图 2 - 2

1. 车五平三,车 8 进 1。

2. 帅五进一,车 8 退 8。

黑如误走士 5 进 6 去兵,则车三进四,将 6 进 1,车三退一,将 6 退 1,车三平六,士 6 退 5,车六平五,红方速胜。

3. 车三进三,炮 2 退 8。

4. 兵四进一,将 6 平 5。

5. 车七退六,前卒平 2。

6. 车七平三,车 8 进 7。

7. 后车退一……

红如误走帅五退一,则车 4 进 7,帅五平六,卒 2 平 3,帅六平五,炮 2 进 7,帅五退一,车 8 进 2,后车退三,炮 2 进 1,仕六进五,车 8 平 7,车三退八,炮 2 平 7,黑方胜定。

7. ……车 8 平 7。

8. 车三退六,车 4 进 6!

9. 帅五平六,炮 2 平 6。

和棋。

第 3 局　二泉映月

着法:红先和(图 2 - 3)

1. 仕六进五,卒 3 进 1。

2. 帅六退一,卒 5 进 1。

3. 车四进九!……

弃车照将,引将离中,谋和关键。红如误走马九退八,则卒 5 平 4!马八退六,卒 3 进 1!臣压君杀,黑胜。

3. ……将 5 平 6。

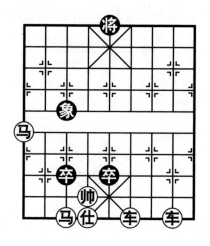

图 2 - 3

4. 马九退八,将 6 平 5。

5. 马七进九,将 5 进 1。

6. 车二平三。

和棋。

按:本局原谱黑方河口无象,应属红胜。例如:车四进九,则将 5 平 6,车二进九,将 6 进 1,车二平七,卒 3 平 4,马七进六,红胜。现添加黑象,原古谱着法成立,特作诠释。

第 4 局　商山四皓

着法:红先和(图 2 - 4)

1. 马二进三,将 5 平 6。

2. 炮一进七,卒 5 进 1!

黑方弃卒引帅,正着。黑如误走士 4 退 5,则马三进二,将 6 平 5(不能将 6 退 1,否则马后炮杀),炮一平五,士 5 退 6,马二退三,将 5

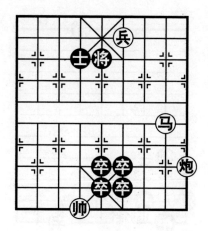

图 2-4

平 6(黑将不能平 4,可见谱着弃卒引将的重要性),兵四平五! 士 6 进

5,马三进二,将 6 退 1,炮五平一,构成马后炮绝杀,红胜。

3. 帅六平五,士 4 退 5。

4. 炮一平五,卒 6 平 5。

5. 帅五平六,后卒平 4!

6. 炮五退八,卒 6 进 1。

7. 马三退五,将 6 退 1。

8. 马五退四,卒 6 平 5。

9. 马四退五。

和棋。

第 5 局 叶底藏花

着法:红先和(图 2-5)

1. 前车平四……

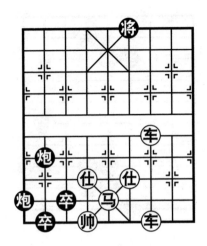

图 2-5

红方另有两种走法,皆负:①前车进五,将 6 进 1,后车进八,将 6 进 1,后车平九,卒 2 平 3! 马五退七,炮 2 进 3,黑胜;②帅六平五,炮 1 进 1,马五退七,卒 2 平 3,帅五进一,炮 2 进 2,帅五进一,炮 1 退 2,仕六退五,炮 2 退 1,重炮杀,黑胜。

1. ……将 6 平 5。

2. 车三平五! 炮 2 平 5!

黑如误走炮 2 退 5,则马五进七,炮 2 平 5,车五进八,将 5 进 1,车四平五,将 5 平 6,帅六平五,红方胜定。

3. 车四平九,炮 1 平 5。

黑如误走炮 1 进 1,则车九退四,卒 2 平 1,车五平一,红方胜定。

4. 车九退四! 卒 2 平 3!

黑如误走卒 2 平 1,则车五进一,红方胜定。

5. 车九平七,卒 3 进 1。

6. 帅六进一,后炮进 3。

7. 仕六退五。

和棋。

第 6 局 投肉馁虎

着法:红先和(图 2 - 6)

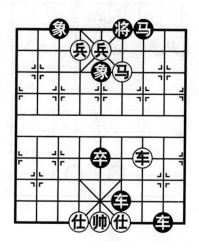

图 2 - 6

1. 车三退三!……

虎口献车,解杀还杀! 谋和的唯一好着。

1. ……车 6 进 1。

2. 车三平四,车 8 平 6。

3. 帅五平四,马 7 进 6。

4. 兵六进一,卒 5 平 6。

5. 兵六平五,马 6 退 5。

6. 兵五进一,将 6 平 5。

和棋。

第7局 黛玉葬花

着法:红先和(图2-7)

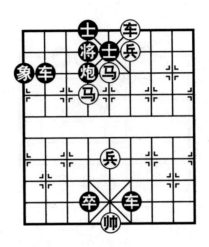

图2-7

1. 马六进八,炮4平3。

2. 兵四平五,将4进1。

3. 马八退七!……

要着!红如贪车,误走车四退八,则卒4进1!帅五进一(如帅五平四,则炮3进7杀),炮3平5!黑速胜。

3. ……象1进3。

4. 车四退八,卒4平5!

花心献卒,妙招!非此不能钳制红车。

5. 车四平五,炮3平5。

6. 前兵平四,将4退1。

7. 兵五进一,象3退1。

8. 兵五进一,象1进3。

9. 兵五进一,炮5进6。

10. 帅五进一,象3退1。

11. 兵五平六,象1进3。

12. 帅五平六,士4进5。

13. 帅六平五,士5退4。

至此,形成单士象例和高低兵,详见第一章第3局"收兵罢战"的

介绍。

第8局　焚书坑儒

着法:红先和(图2-8)

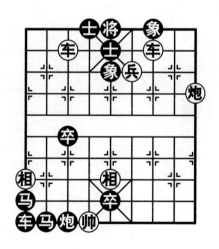

图2-8

1. 车七平五……

妙着。红如改走车三进一,则象5退7(黑如误走士5退6,炮一

平五,象 5 退 7,炮五退五,士 6 进 5,相五退七,士 5 进 6,炮五平八,红方胜定),炮一平五,将 5 平 6,炮五退五,炮 3 退 8,黑方胜定。

1. ……士 4 进 5。

2. 车三平五！……

精彩之着！大胆挖心,连续献车,耐人寻味。

2. ……将 5 进 1。

3. 炮一平五……

佳着。红中炮大显神威,彻底摧垮了黑方攻势。

3. ……象 5 退 3。

4. 炮五退五,象 3 进 5。

5. 相五进七,象 5 退 3。

6. 相七退五,象 3 进 5。

7. 相五退七,象 5 退 3。

8. 炮五平八！……

绝妙！一炮巧制黑车双马三子,妙不可言！

8. ……象 7 进 9。

9. 帅六进一。

和棋。

第 9 局　兔游月窟

着法:红先和(图 2 - 9)

1. 马三退四！……

退马要杀,正着。红如误走马三退一去象,则将 5 平 4,马一退

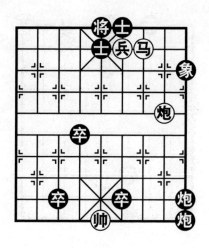

图 2 - 9

三,后炮平 8,黑胜。

    1. ······ 将 5 平 4。

    2. 炮二平六,将 4 进 1。

    3. 兵四平五,士 6 进 5。

    4. 马四进五! 卒 6 平 5。

    5. 帅五进一,前炮平 4。

    6. 炮六退五,卒 3 平 4。

    7. 帅五平六,将 4 平 5。

    8. 炮六进四。

和棋。

第 10 局 捕风捉影

着法:红先和(图 2 - 10)

1. 炮三平七,士 5 退 6。

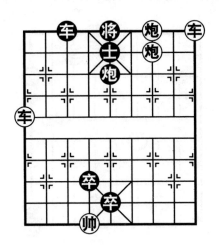

图 2 - 10

2. 炮三进一,士 6 进 5。

3. 炮三退三……

红如改走炮三退八,则士 5 退 6,车一平四,将 5 平 6,车九进二 (红如车九平六,则卒 5 平 4!帅六平五,后卒平 5,车六平五,卒 5 进 1,黑胜),炮 5 退 1,车九进一,炮 5 平 2!车九退二(红如车九平八吃炮,则将 6 平 5!黑胜),炮 2 平 4,车九平六,将 6 平 5,车六进二,卒 5 进 1,黑胜。

3. ……士 5 退 6。

4. 车一平四!将 5 平 6。

5. 车九退四,炮 5 平 4。

6. 炮三平六,卒 4 进 1。

7. 车九平六,将 6 平 5。

要着。黑如误走卒 5 平 4 去车,则帅六平五,红帅占中,黑难求和。

8. 车六进一,炮 4 进 5。

9. 炮六退三,炮 4 平 8。

10. 炮六平五,将 5 进 1。

11. 炮七退四,炮 8 退 7。

12. 炮七平五,将 5 平 6。

13. 前炮退四,炮 8 平 6。

和棋。

第 11 局　智勇双全

着法:红先和(图 2 - 11)

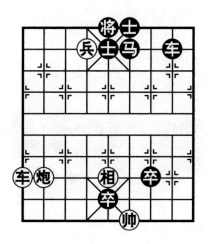

图 2 - 11

1. 车九进七……

正着。红如误走炮八平三,则车 8 进 8,炮三退二,士 5 退 4,车九退一,车 8 退 1,黑胜定。

1. ……士 5 退 4

2. 炮八进七,士 4 进 5。

3. 炮八退九,士 5 退 4。

4. 炮八平七! ……

精妙之着。伏车九平六,马 6 退 4,炮八进九的杀手,逼黑献车解杀。

4. ……车 8 进 8。

5. 炮七平二,卒 7 进 1。

6. 炮二进九,士 6 进 5。

7. 兵六平五,将 5 进 1。

8. 车九退一,将 5 退 1。

9. 车九平四,卒 7 平 6。

10. 车四退七,卒 5 平 6。

11. 帅四进一。

和棋。

本局红车炮兵巧妙攻杀,智勇双全,终于弈和。

第 12 局　苏秦背剑

着法:红先和(图 2 - 12)

1. 炮三进一,将 5 进 1。

2. 车二进八,将 5 进 1。

3. 炮一退一,炮 6 退 1。

4. 车二退一,将 5 退 1。

5. 车二平四! ……

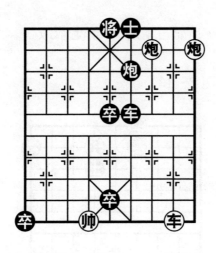

图 2-12

精妙之着！虎口献车，解杀还杀！

5. ……车 6 进 5。

黑如贪吃车，误走车 6 退 2，则炮三退一，将 5 退 1，炮一进二，士 6 进 5，炮三进一，重炮杀，红胜。

6. 车四退七，卒 1 平 2。

7. 车四进八，将 5 平 6。

8. 炮三退九，后卒进 1。

9. 炮一平九，后卒进 1。

10. 炮三平八，后卒进 1。

11. 炮九退六，后卒平 4。

12. 炮八进一，卒 4 进 1。

13. 炮九平六，卒 5 平 4。

14. 帅六进一。

和棋。

第13局 舍生取义

着法:红先和(图2-13)

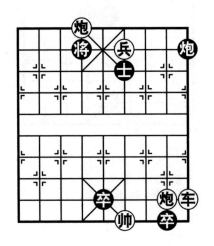

图2-13

1.车一退一!……

红舍车保帅,正招。红如贪胜而误走炮二进七,则将4退1,车一平五,卒8平7,帅四进一(如帅四平五,则炮9进8!黑胜),炮9平6!黑胜。

1.……卒8平9。

2.炮六平二,卒9平8。

黑另有两种走法:①将4退1,后炮进三,红双炮严守二路线,和定;②炮9平8,前炮平八,卒9平8,炮八退九,炮8平9,炮二平一,炮9进3,炮八平二,炮9平6,兵四平三,炮6平4,炮二进一,炮4进4,炮二平六,卒5平4,帅四进一,黑卒死,红胜。

52

3. 炮二进七……

红如径走前炮退九去卒,则炮9进8! 黑胜。

3. ……将4退1。

4 兵四进一,将4进1。

5. 前炮退九。

和棋。

第14局 勇冠三军

着法:红先和(图2-14)

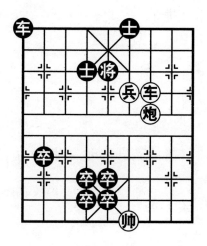

图2-14

1. 兵四进一,将5退1。

2. 兵四进一,将5退1。

黑如误走将5平4,则炮三平六,士4退5,车三平六,士5进4,兵四平五,将4平5(如士6进5,车六平七,红胜),车六平五,红胜。

3. 车三平五,将5平4。

4. 车五进三,将 4 进 1。

黑如误走将 4 平 5 去车,则炮三进四,士 6 进 5,红胜。

5. 车五平九,士 4 退 5。

6. 车九退五,卒 4 进 1。

7. 炮三退五,后卒平 6。

8. 炮三平六,卒 4 平 5。

9. 车九平六,士 5 进 4。

10. 炮六进一,前卒平 4。

11. 车六退三,士 6 进 5。

12. 车六平七,卒 2 进 1。

13. 帅四平五,士 5 进 6。

14. 帅五平六,卒 5 平 4。

和棋。

第 15 局　抱石投江

着法:红先和(图 2 - 15)

1. 车七平六⋯⋯

正着。红如误走车八平六,则将 4 进 1,车七平六,将 4 进 1,兵六进一,将 4 退 1,兵六进一,将 4 退 1,兵六进一,将 4 平 5,兵三平四,卒 5 平 6(不能车 4 退 7 去兵,否则兵四进一,红胜),帅四平五,车 4 退 7,黑胜定。

1. ⋯⋯将 4 平 5。

2. 车八平五!⋯⋯

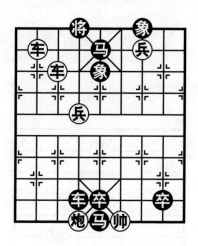

图 2-15

弃车吃马引将，谋和要着！

2. ……将5进1。

3. 兵三平四，将5退1。

4. 车六平五，将5平4。

5. 车五退六，车4进1。

6. 车五退一，车4退5。

7. 车五进八，车4退3。

8. 帅四平五，车4平5。

9. 兵四平五。

和棋。

第 16 局 炮打潼关

着法:红先和(图 2 - 16)

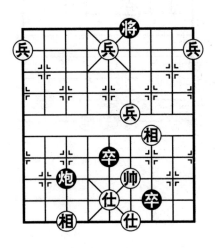

图 2 - 16

1. 兵九平八,炮 3 平 5。

炮献相口,驱赶红方"花心兵",精巧之手!

2. 兵八平七,炮 5 退 6。

3. 兵七平六,将 6 进 1。

黑弃炮乃正着。如改走将 6 平 5,则兵一平二,炮 5 平 6,兵四平五,卒 5 平 6,帅四平五,红帅活跃,黑难免一败。

4. 兵六平五,将 6 平 5。

5. 兵四平五,将 5 进 1。

6. 兵五进一,将 5 平 4。

7. 兵一平二,卒 7 平 8。

和棋。

第17局　香风穿柳

着法:红先和(图2-17)

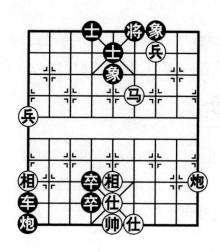

图2-17

1. 兵三平二! ……

小兵已兵临城下,现却背城而去,似乎不可思议。其实这个小兵只有从里向外运动,塞住象眼,才能炮一进七,将6进1,马四进二,将6进1,炮一退二构成杀势!这种打破习惯性思维的妙招,对局时能够弈出,确实难能可贵。

1. ……士5进4。

正着。黑方另有三种应法均负:

①将6平5,则炮一进七,士5退6,马四进六,将5进1,炮一退一,红胜;②象5进3,则炮一进七,象7进5,兵二进一,象5退7,兵二平三,将6进1,马四进二,将6进1,炮一退二,红胜;③士5进6,则炮一进七,将6进1,马四进六!伏兵二平三再炮一退一杀。以下黑若

将 6 平 5,则炮一退一杀;又若士 6 退 5,则兵二平三,将 6 进 1,马六退五,仍为红胜。

2. 炮一进七,将 6 进 1。

3. 兵二平三……

平兵照将正着。红如仍依样画葫芦走马四进六,则黑炮 1 平 6!兵二平三,将 6 平 5,炮一退一,炮 6 退 8!红立即落败。

3. ……将 6 进 1。

4. 马四退三……

红准备马三进五要杀。如改走马四进六顺手牵羊吃士,就给黑将多预备出一个活动位置,红方围堵黑老将的目的就失败了。读者将在第 8 回合时,清楚地看到这一点。

4. ……象 5 进 3!

黑为什么不走象 5 进 7 或象 5 退 3 解杀呢?从后面的着法中,我们将能看到,黑方这着棋深谋远虑,是有长远打算的。

5. 炮一退五,将 6 平 5。

6. 马三进五,将 5 退 1。

7. 炮一进四,将 5 进 1。

8. 马五进三,将 5 平 6。

当初红马要吃去 4 路黑士,此时就不会走将 5 平 6 而走将 5 平 4 了,并伏前后卒 4 进 1 的连杀手段,胜负即逆转。

9. 炮一退四,卒 4 进 1!

10. 帅五平六,车 1 平 4。

11. 帅六平五,炮 1 退 5。

这一段第 9 回合红退炮之后,伏马三退五再炮一平五的马后炮杀着。眼看黑方老将无法逃生,岂料黑用尽浑身解数,妙手迭出:通过弃卒平车叫将调炮回防,守住要隘,由此可见当初黑走象 5 进 3 的绝妙。

12. 炮一退三。

正和。

红见形不成杀局,转而退炮打死黑车,可谓明智之举。

双方经十余回合扣人心弦的搏斗,终成两难进取之势,只能化干戈为玉帛,握手言和。

第 18 局　三战吕布

着法:红先和(图 2－18)

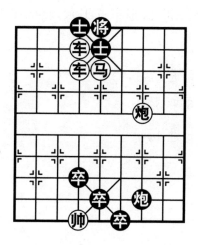

图 2－18

1. 前车进一,士 5 退 4。

2. 车六进二,将 5 进 1。

3. 车六平五!……

弃车照将,是红棋谋和的关键妙着之一。

3. ……将 5 平 6。

黑将不能吃车是因为红有马后炮的杀着,也不能将 5 平 4 是因为有"侧面虎"的杀手。

4. 马五退三,炮 7 退 5。

红方弃马吸引黑炮是谋和的关键妙着之二。

5. 车五退八,炮 7 平 4。

6. 炮三平六……

正着。红如误走车五平六,则将 6 平 5,炮三平五,炮 4 进 5,炮五退四,炮 4 平 3,炮五进五,炮 3 平 7,黑胜。红坠入陷阱而落败。

6. ……卒 4 平 5

黑亦可直接走卒 4 进 1,则车五平六,将 6 平 5,车六进三,炮 4 进 2,和棋。

7. 炮六平七,卒 5 进 1。

8. 炮七退五,卒 6 平 5。

9. 炮七平五,卒 5 进 1。

10. 帅六平五。

和棋。

第 19 局　投鞭断流

着法:红先和(图 2 - 19)

1. 炮三平五,士 5 进 6。

2. 车六平五,将 5 平 4。

3. 车四平六!……

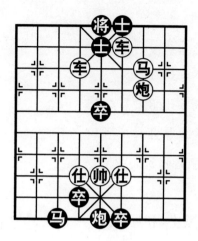

图 2 - 19

红弃车是此局面下唯一入局谋和的好手！

3. ……将 4 进 1。

4. 马三进四,将 4 退 1。

5. 车五平六,将 4 平 5。

6. 马四退五,士 6 退 5。

7. 马五进三,将 5 平 6。

8. 车六平四! ……

红再度弃车,犹如投鞭断流,乃题意所在。

8. ……士 5 进 6。

9. 炮五平四,士 6 退 5。

10. 炮四退六,士 5 进 6。

11. 炮四平七……

红方通过弃车、照将抽卒、打马,现已取得均势。古谱排拟之用心良苦,令人叹为观止。

11. ……卒 5 进 1。

12. 马三退五,士 6 退 5。

13. 马五退四,卒 5 进 1。

14. 马四退五,炮 5 退 3。

15. 炮七平三,炮 5 平 4。

16. 炮三平四,将 6 平 5。

17. 炮四平五。

至此,红以炮换黑士,和局已定。

第20局　天星过渡

着法:红先和(图 2 - 20)

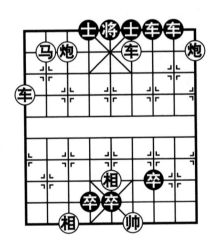

图 2 - 20

1. 车四平五!……

红弃车精彩!乃入局谋和的飞刀之手!

1. ……士 4 进 5。

黑如误走将 5 进 1,则车九平五,将 5 平 4,马八退七,将 4 进 1,车五进一,红方立胜。

2. 车九进三,士 5 退 4。

3. 炮七平二!……

闪击、拦截战术组合,解杀还杀! 精彩绝伦!

3. ……卒 5 平 6!

正着。黑如误走士 6 进 5,则车九平六,士 5 退 4,马八退六,成 "白马现蹄"杀,红速胜。

4. 帅四进一,卒 7 平 6。

5. 帅四进一,车 7 进 7。

6. 帅四退一,卒 4 平 5。

7. 帅四平五,车 7 进 1。

8. 帅五退一,车 7 平 4。

黑如误走士 6 进 5,则马八进六! 士 5 退 4,帅五平六,红胜。

9. 车九平六,车 4 退 8。

10. 马八进六,将 5 平 4。

11. 炮二平九,车 8 进 1。

12. 炮一进一,车 8 退 1。

13. 炮一退七,将 4 平 5。

14. 帅五平四,车 8 进 1。

15. 炮九退六,车 8 平 6。

16. 炮一平四。

和棋。

第21局 草船借箭

着法:红先和(图2-21)

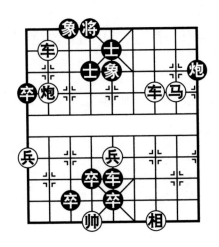

图2-21

1. 车八平六……

首着红车强行占肋,打通攻城之路,乃入局谋和之佳着。红如改走炮八平六,则将4平5,马二进三,将5平6,车三平四,炮9平6,车四进一,士5进6,炮六平四,士6退5,红无后续手段,红劣黑胜。

1. ……将4平5。

2. 马二进三,将5平6。

3. 车三平四,炮9平6。

4. 车四进一! 士5进6。

5. 马三退五! ……

红踏象照将是上一手弃车砍炮的后续手段!

5. ……将6平5。

黑如改走士 6 退 5,则炮八进三,象 3 进 1,车六进一,将 6 进 1,马五退三,将 6 进 1,炮八退二,红胜;黑又如改走士 4 退 5,则车六进一,将 6 进 1,炮八平四闷杀,亦为黑劣红胜。

6. 车六进一,将 5 进 1。

7. 炮八平五!! 将 5 进 1。

8. 炮五退四,卒 4 平 5。

9. 车六退二,将 5 退 1。

10. 相三进五,卒 3 平 4。

11. 车六退六,卒 5 平 4。

12. 帅六进一,卒 1 进 1!

黑方边卒疾进,要着,可用边象保护此卒不被消灭,微妙! 细腻! 若被红方先挺起九路兵,红方中兵渡河,消灭黑边卒,则是另外一番天地,红方胜。

13. 兵五进一,象 3 进 1。

和棋。

第 22 局　虎口拔牙

着法:红先和(图 2 - 22)

1. 车八进七,马 3 退 4。

正着。黑另有两种着法:①马 3 退 2,则车七进六,士 5 退 4,车七平六,红胜;②士 5 退 4,则车八平六,马 3 退 4,车七平五! 将 5 平 6(黑如车 5 退 1,则炮七进七,红胜),车五平四,将 6 平 5,炮七进七,闷杀,红胜。

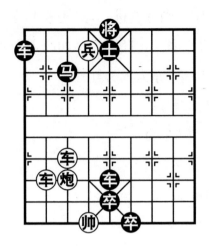

图 2-22

2. 车八平六! ……

佳着。红大胆弃车,犹如虎口拔牙,乃题意所在。

2. ……士 5 退 4。

3. 车七平五! ……

红闪击,再献一车,排拟构思绝妙! 精巧!

3. ……士 4 进 5。

黑支士垫将,无奈之着。另有两种应法:①车 5 退 1,则炮七进七,士 4 进 5,兵六进一,红胜;②将 5 平 6,车五平四,将 6 平 5,炮七进七,士 4 进 5,兵六进一,亦红胜。

4. 兵六进一,将 5 平 6。

5. 车五平四,士 5 进 6。

6. 车四进四,车 1 平 6。

7. 炮七进七,车 5 退 7。

8. 车四进一,将 6 进 1。

9. 炮七平五,卒 6 平 5。

10. 炮五退九,卒 5 进 1。

11. 帅六平五。

和棋。

第 23 局 粉蝶恋花

着法:红先和(图 2 - 23)

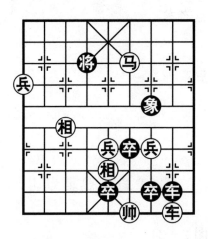

图 2 - 23

1. 车二进一,卒 5 平 6。

正着。黑如误走卒 7 平 8 去车,则马四退五,将 4 退 1,马五退四!

卒 5 平 4,帅四进一!黑劣红胜。

2. 帅四平五,卒 7 平 8。

3. 兵九平八……

兵贵神速。红如改走兵五进一,则后卒平 5,兵五进一,卒 5 平 4,

兵五进一,卒 4 进 1,马四退五,卒 4 进 1,兵五平六,将 4 平 5,马五退四,卒 8 平 7 再卒 7 进 1,黑胜。

 3. ……卒 8 进 1。

 4. 兵八平七,卒 8 平 7。

 5. 兵七平六,将 4 平 5。

 6. 马四进三！象 7 退 9。

 7. 帅五平六！！……

红帅御驾亲征要杀而弃马,绝妙之着！为帅六进一谋和奠基,构思精巧！乃围魏救赵之术。

 7. ……象 9 退 7。

 8. 帅六进一！后卒平 5。

 9. 兵三进一,象 7 进 9。

 正和。

第 24 局　鹊巢鸠占

着法:红先和(图 2 - 24)

 1. 车四平六,炮 5 平 4。

 2. 兵七进一！……

红进底兵照将,深谋远虑之招！

 2. ……将 4 进 1。

 3. 车六进三！士 5 进 4。

 4. 炮五平六,车 2 平 4。

 5. 炮六进三！……

红进炮困车,伏虎降龙,精妙无比！

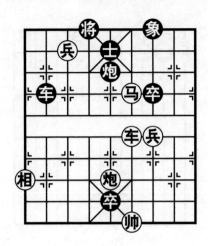

图 2-24

5. ……象 7 进 9。

6. 兵七平八,将 4 退 1。

红如相九进七,黑则卒 7 进 1 兑卒,和局。

7. 马四进五! ……

马入中堂,乃鹊巢鸠占,也是点题之妙手! 逼黑车啃炮成和。

7. ……车 4 进 1。

8. 马五退七,将 4 平 5。

9. 马七退六,卒 7 进 1。

正和。

第 25 局　海底捞月

着法:红先和(图 2-25)

1. 车八退一,车 3 平 2。

2. 兵九平八……

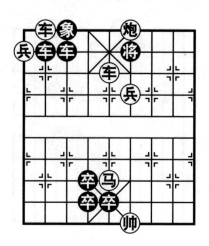

图 2-25

红如改走车五平四,则将 6 平 5,兵九平八,后卒平 5,车四平六,后卒平 6,车六进一,将 5 退 1,车六进一,将 5 进 1,炮四退七,卒 5 进 1,帅四进一,卒 4 平 5,黑胜。

2. ……象 3 进 5。

3. 炮四平六! ……

红似为非攻非守的瞎眼棋,其实手法含蓄,伏有"海底捞月"的妙手,是本局的精华所在,奥妙之至! 舍此别无解招。试举两变:①马五退三,则将 6 退 1,兵八平七,前卒进 1,兵四进一,后卒平 5,兵四进一,将 6 平 5,兵七平六,后卒平 6,黑快一步胜;②炮四平九,后卒平 5,兵四进一,将 6 平 5,炮九退一,将 5 退 1,兵四平五,后卒平 5,黑亦快一步胜。

3. ……后卒平 5。

4. 兵四进一,将 6 平 5。

5. 兵四进一,将 5 平 4。

黑如误走将5退1,则炮六平九,红方捷足先登。

6. 兵八平七,将4进1。

黑如将4退1去炮,则兵四平五,红胜。

7. 兵四平五,象5进7。

8. 兵七平六,将4平5。

9. 炮六平五,将5平4。

10. 炮五退七。

和棋。

红炮利用"海底捞月"之法抽吃黑一卒。至此,已形成正和之势。

第26局　干将熔金

着法:红先和(图2-26)

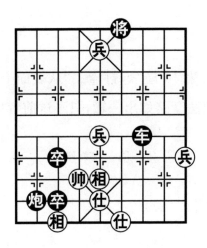

图2-26

1. 相五进三,后卒平4。

2. 帅六平五,卒4平5。

3. 帅五平六,炮 2 退 6。

4. 后兵进一,炮 2 平 8。

5. 兵一进一……

红方看到黑炮迂回至中相位倒打中兵的精妙战术,故只能进边兵而放弃中兵。

5. ……炮 8 进 5。

6. 兵一进一,炮 8 平 5!

7. 兵一平二,炮 5 退 3。

8. 兵二平三,炮 5 平 3。

9. 相七进九,炮 3 退 4。

10. 兵三平四,炮 3 平 5。

11. 兵五进一,将 6 平 5。

12. 兵四平五。

正和。

编者按:本谱与第 16 局"炮打潼关"从表面上看,棋势不大一样。但细品起来,二者招法套路如出一辙,只不过前者招法更加曲折罢了。

第 27 局　游丝系虎

着法:红先和(图 2－27)

1. 车二进九,象 5 退 7。

2. 车二平三,士 5 退 6。

3. 炮一平四!……

红车炮打士,大有解杀还杀之妙! 局势顿然变活。

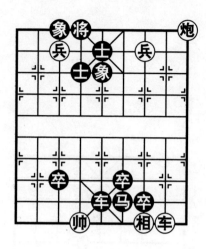

图 2 - 27

3. ······卒 3 平 4。

正招。黑如卒 6 平 7,则兵三平四,演变下去红胜。

4. 炮四退八,车 5 退 8。

5. 兵七进一,将 4 进 1。

6. 车三平五,士 4 退 5。

7. 帅六平五,卒 4 进 1。

8. 车五退一,将 4 进 1。

9. 炮四退一,卒 6 进 1。

10. 相三进一,卒 7 进 1。

11. 相一退三,卒 6 平 5。

12. 车五退七,卒 4 平 5。

13. 帅五进一,卒 9 进 1。

和棋。

第 10 回合中,红飞边相不仅保护底线免受攻击,且伏以后用炮打死边卒,招法细腻。

第28局　鸟尽弓藏

着法:红先和(图2-28)

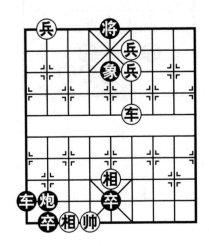

图 2-28

1. 前兵进一,将 5 平 6。

2. 车四平六……

正着。红如改走兵四平五,则将 6 平 5,车四进三,卒 2 平 3,相五退七,炮 2 进 1,相七进九,车 1 平 4,黑胜。

2. ……卒 2 平 3。

3. 相五退七,炮 2 进 1。

4. 相七进五,车 1 平 4。

5. 车六退四,卒 5 平 4。

6. 帅六进一。

和棋。

第 29 局 低七星

着法:红先和(图 2 - 29)

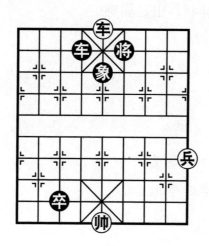

图 2 - 29

1. 车五退二,车 4 进 3。

黑如改走车 4 进 7,则车五退六兑车逼和;黑又如改走卒 3 平 4,则车五退一,将 6 退 1,车五平四,车 4 平 6,车四进二兑车亦和。

2. 车五退一,车 4 平 6。

3. 帅五进一……

谋和要着! 否则黑车抢占下二路,红必败。

3. ……车 6 进 4。

4. 帅五进一,卒 3 平 4。

5. 帅五平六,卒 4 平 5。

6. 帅六平五……

红帅跟卒,正着。红如改走兵一进一,则车 6 退 1,车五退四,车 6

退 3！车五进四,卒 5 平 6,车五退二(红如误走兵一进一,则车 6 平 9！车五平四,将 6 平 5,红不能退车吃卒,否则车 9 平 4,黑胜。),卒 6 平 5,帅六平五,卒 5 平 4,帅五平六,卒 4 平 3,帅六平五,红帅可长捉黑卒,与谱着变化殊途同归,也是和棋。

6. ……卒 5 平 4。

7. 帅五平六,卒 4 平 5。

8. 帅六平五,卒 5 平 4。

9. 帅五平六,卒 4 平 3。

10. 帅六平五,车 6 退 4。

11. 兵一进一,卒 3 平 4。

12. 帅五平六,卒 4 平 5。

13. 兵一进一……

红亦可仍走帅五平六捉兵谋和,这样谋和是利用帅可长捉的规则,无其他枝节变化。

13. ……车 6 进 3。

黑如改走车 6 平 9 吃兵,则帅六平五捉卒反杀,亦和。

14. 车五退四,车 6 平 5。

15. 帅六平五,卒 5 平 4。

和棋。

第 30 局　三仙炼丹

着法:红先和(图 2 - 30)

1. 兵四平五,将 5 平 6。

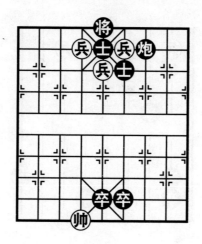

图 2-30

黑如误走士 6 退 5,则兵六平五,将 5 平 6,后兵平四,红方速胜。

2. 后兵平四,炮 7 平 4。

3. 兵五平四,将 6 平 5。

4. 后兵平五,炮 4 进 7!

5. 兵五进一,将 5 进 4。

6. 兵四进一,卒 5 进 1。

7. 帅六平五,炮 4 平 5。

8. 兵四平五,炮 5 退 8。

9. 兵五进一,将 4 进 1。

和棋。

第 31 局　江雁秋飞

着法:红先和(图 2-31)

1. 车六平五,炮 6 平 5。

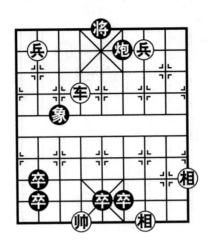

图 2－31

2. 兵三平四……

红平兵催杀，正着。红如误走车五平七，则象 3 退 5，车七平六，卒 5 进 1！红胜。

2. ……卒 5 进 1！

黑如误走炮 5 进 1，则车五平七，炮 5 平 3，车七退一，红胜。

3. 车五退六，炮 5 进 7！

红车退吃黑卒，无奈，否则黑有连杀；黑升炮关车，精妙异常！

4. 相一进三……

红如改走兵八平七，则后卒平 3，兵七平六，卒 3 平 4，兵四平五，将 5 平 6，兵六进一，卒 2 平 3，车五进一，卒 3 进 1，帅六平五，卒 6 进 1！黑胜。

4. ……后卒平 3。

5. 相三进一，卒 3 平 4。

6. 车五平二，将 5 平 4！

佳着,解杀还杀! 双方短兵相接,着着紧扣。

7. 帅六平五,炮 5 退 8。

退炮正着。黑如改走将 4 进 1,则兵八平七,将 4 进 1,车二进六再照将抽卒,红胜。

8. 车二进九,卒 4 平 5。

9. 车二平五,将 4 平 5。

10. 相三退五,卒 2 平 3。

11. 兵八平七,卒 3 平 4。

12. 兵七平六,象 3 退 1。

至此,双方只有飞相(象)作为应着,谁先照将,谁就输棋。其情景称为"江雁秋飞",甚切题意。

第 32 局　步步生莲

着法:红先和(图 2 - 32)

1. 炮一平三!……

红平炮打车,暗伏杀机,佳着! 另有三种着法均负:①炮一进五,车 7 进 2 弃车解杀,车二平三,炮 6 退 2,黑胜;②炮一平五,则将 5 平 4,车二进九,士 5 退 6,黑胜;③车二进九,士 5 退 6,兵四进一,将 5 平 4,兵四平五,将 4 进 1,炮一平三,炮 6 退 5,黑胜。

1. ……车 7 退 1。

黑只有吃兵跟炮,另如改走:①炮 6 退 2,则车二进九,士 5 退 6,炮三进五,士 6 进 5,炮三退二! 士 5 退 6,兵四进一,将 5 平 4,兵四平五,将 4 进 1,车二退一,杀,红胜;②车 7 进 2,则炮三退四,炮 6 退 1,

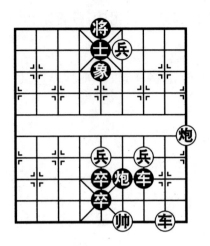

图 2-32

车二进九,士 5 退 6,兵四进一,将 5 平 4,兵四平五,将 4 进 1,车二退一,将 4 进 1,车二平四,后卒平 6,车四退五,卒 6 平 7,兵五进一,将 4 退 1,车四平五,黑胜。

2. 车二进九,士 5 退 6。

8. 炮三进五,车 7 退 6。

黑只能用车砍炮,否则红方杀法同以上①变。

4. 车二平三,炮 6 退 3。

5. 兵四进一,将 5 平 4。

6. 兵四平五,将 4 进 1。

7. 车三退一,将 4 进 1。

8. 车三平四,后卒平 6。

9. 车四退三,卒 6 进 1。

10. 车四退四,卒 5 平 6。

11. 帅四进一,象 5 进 3。

12. 兵五进一。

和棋。

第33局　泥塑金刚

着法:红先和(图2-33)

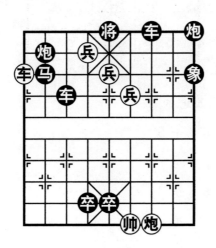

图2-33

1. 车九进二,炮2退1。

2. 车九平八,马2退3。

黑如改走车3退3,则兵五进一,将5平6,兵五平四,将6平5,后兵平三,卒5平6,帅四进一,卒4平5,帅四退一,卒5平6,帅四进一,红胜。

3. 车八平七,车3退3。

4. 兵五进一,将5平6。

5. 兵五平四,将6平5。

黑如误走将6进1,则兵四进一,将6退1,兵四进一,将6平5,兵四平五,红胜。

6. 后兵平三！……

红平兵露帅,解杀还杀,绝妙佳着!

6. ……卒5平6。

黑只能弃卒,意在活动3路车照将后抢占中路解围,除此不能解救杀局。

7. 帅四进一,卒4平5。

8. 帅四退一,卒5平6。

9. 帅四进一,车3进8。

10. 帅四退一,车3平5。

11. 炮三进九,象9退7。

12. 兵三进一,车5退2。

13. 兵四平五,车5退5。

14. 兵六平五,将5进1。

和棋。

第34局　车驰马啸

着法:红先和(图2-34)

1. 马四退五,车1进1。

2. 马五进七……

红弃马只能如此,若改走帅六退一,则卒2平3,帅六退一,车1进2,连杀黑胜。

2. ……卒2平3。

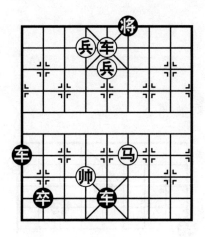

图 2-34

黑平卒催杀,正着。如误走车 1 平 3,则帅六退一,车 3 平 5,兵五平四,卒 2 平 3,帅六退一,红胜。

3. 帅六平五,卒 3 平 4。

4. 帅五平六,卒 4 平 5。

5. 帅六平五,卒 5 平 6。

6. 车五进一……

红弃车解危,及时。如改走帅五平六,则车 1 平 3,帅六退一,车 3 平 5,黑胜。

6. ……将 6 平 5。

7. 帅五平四!……

红出帅解杀还杀,乘机擒取黑卒,妙招!

7. ……车 1 平 3。

8. 帅四退一,车 3 平 5。

9. 兵五进一,车 5 退 6。

10. 兵六平五,将 5 进 1。

和棋。

第35局　声势相倚

着法:红先和(图2-35)

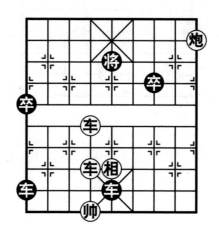

图 2-35

1. 炮一平九! ……

平炮打车佳着! 既可解杀,又能使炮与自己的双车声势相倚,为原谱谋和要着。

1. ……车1平2。

2. 车六进三,将5退1。

3. 前车进一,将5退1。

4. 前车进一,将5进1。

5. 车六进六,将5进1。

6. 后车平八! ……

献车解杀还杀,亦为关键之着!

6. ⋯⋯车 5 进 1。

7. 帅六平五,车 2 退 7。

8. 车六平五⋯⋯

红此时应改走车六平三! 如附图形势,以下黑有三种着法:①车 2 平 6,则车三退三,再车三平五占中红胜;②车 2 进 6,则车三平五,将 5 平 4,相五退七,将 4 退 1,车五退三,车 2 平 4,炮九进一,卒 7 进 1,车五进二,将 4 退 1,车五进一,将 4 进 1,炮九平六,成海底捞月之势,红胜;③车 2 进 6,车三平五,将 5 平 6,相五退七! 将 6 退 1,车五退一,将 6 退 1,车五退二,车 2 平 6,炮九平三,卒 7 进 1,炮三进一,卒 7 进 1,车五进三,将 6 进 1,炮三平四,卒 7 平 6,车五退三,红亦成"海底捞月"胜。

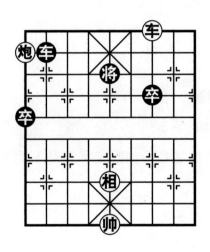

附图

8. ⋯⋯车 2 平 5。

黑如改走将 5 平 6,则相五退七! 车 2 平 1,车五退三,红胜。

9. 车五平三,将 5 平 4。

10. 车三退三,车 5 进 6。

11. 帅五平四,将 4 平 5。

12. 车三平四,卒 1 进 1。

13. 炮九进一,将 5 退 1。

14. 车四进二,将 5 退 1。

15. 车四进一,将 5 进 1。

16. 炮九平五,车 5 平 4。

17. 车四退五,将 5 退 1。

18. 车四平五,将 5 平 4。

19. 车五平九。

和局(原谱第 1 变)。

第 36 局　闰余成岁

着法:红先和(图 2-36)

1. 后车平五,炮 3 平 5。

黑平炮垫将,必然之着。如改走车 5 退 1,则车一平五,车 5 退 1,炮一进七,红胜。

2. 兵四进一,将 5 平 6。

3. 车一平四,将 6 平 5。

4. 车五平六,炮 5 平 4。

5. 车六进三,后卒平 4。

黑平卒伏杀,是上一手弃炮的后续手段,佳着。

6. 车四进四……

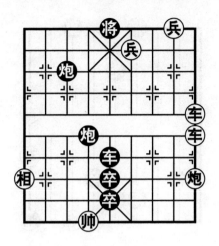

图 2－36

红弃车引将,乃弈和关键。如误走车六退五去车,则卒 5 进 1,帅六进一,车 5 进 2,黑胜。

6.……将 5 进 1。

7. 车四退一,将 5 平 6。

8. 车六退五,车 5 平 6。

9. 炮一平四,车 6 平 8。

10. 炮四退二,车 8 进 2。

11. 炮四平五,卒 5 平 4。

12. 车六退一,车 8 平 4。

13. 帅六进一。

和棋。

第 37 局　笙箫夹鼓

着法:红先和(图 2－37)

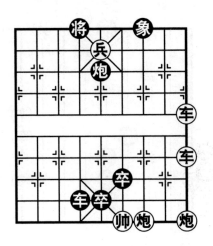

图 2-37

1. 后车平六,炮 5 平 4。

2. 车六平四,卒 6 进 1。

3. 车四退二,卒 5 平 6。

4. 帅四平五,炮 4 平 8。

5. 炮三进一! ……

红方升炮,精妙! 一子解双危。

5. ……车 4 退 2。

黑如改走卒 6 平 7,则车一平八,红方速胜。

6. 车一平五,炮 8 进 7!

7. 炮一进九,象 7 进 5。

8. 炮三进八,炮 8 退 9。

9. 炮一退九,象 5 退 7。

10. 兵五平四。

至此,红、黑炮各自守卫自己底线,成正和。

第 38 局 十三太保

着法:红先和(图 2-38)

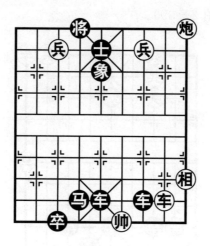

图 2-38

1. 兵三进一……

正着。红如改走车二进八,则象 5 退 7,车二平三,士 5 退 6,车三平四,车 5 退 8,黑胜。

1. ……士 5 退 6。

2. 兵三平四,象 5 退 7。

3. 车二平三,车 5 平 7。

4. 帅四平五,马 4 退 6。

5. 帅五平四,车 7 平 5。

黑车占中路,解杀还杀,只能如此。

6. 兵四平五,车 5 退 8。

7. 炮一平五,将 4 平 5。

正和。

第39局　荷雨跳珠

着法:红先和(图2-39)

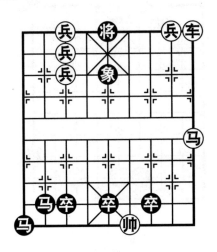

图 2-39

1. 前兵平六……

红如误走马一退三,则象5退3,黑方速胜。

1. ……将5平4。

2. 马一退二,卒3平4。

3. 前兵平六……

红如改走车一退一,则将4平5,前兵平六,卒7平6,马二退四,将5平6,兵六平五,卒5平6,帅四平五,卒6平5,黑胜。

3. ……将4进1。

黑如改走将4平5,则兵二平三,红胜。

4. 车一退一,将4退1。

5. 兵七平六,卒 5 平 6。

黑如改走将 4 平 5,则兵六平五,卒 7 平 6,马二退四,将 5 平 6,兵二平三,将 6 平 5,兵五进一,将 5 平 4,兵五平六,将 4 平 5,车一平五,红胜。

6. 马二退四,卒 4 平 5。

7. 兵六进一,将 4 平 5。

8. 车一平五,将 5 平 6。

9. 兵二平三,象 5 退 7。

10. 车五退七,马 2 退 4。

11. 车五平六……

红如改走车五进八,则将 6 平 5,马四进六,马 1 退 2,马六进四,马 2 进 4,马四退五,象 7 进 9,兵六平七,将 5 进 1,兵七平八,马 4 退 5,马五进四,卒 7 平 6,帅四平五,将 5 平 4,兵八平七,将 4 退 1,马四进二,马 5 进 3,马二退三,亦成和局。

11. ……卒 7 平 6。

12. 帅四平五,马 1 退 3。

13. 帅五平六,马 3 退 2。

14. 兵六平五,象 7 进 5。

15. 帅六平五,象 5 退 3。

和局。

第 40 局 左右夹攻

着法:红先和(图 2-40)

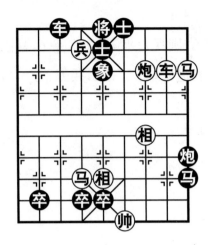

图 2−40

1. 相五进七①,车 3 进 5。

2. 马六进七,卒 4 进 1。

3. 马七退六,炮 9 平 4!

4. 炮三进二,象 5 退 7。

5. 车二平六②! 炮 4 退 5③。

6. 车六进一,象 7 进 9。

7. 相三退一,卒 2 平 3。

8. 车六平九,卒 3 平 4。

9. 车九退八,卒 4 平 5。

10. 车九平五,卒 5 进 1。

11. 帅四平五。

和棋。

注:①红扬相挡车解杀,正着。红如误走炮三进二,则象 5 退 7,车二平七,卒 5 平 6,帅四平五(如帅四进一,则马 9 退 7,帅四退一,马

7进8,帅四平五,马8退6,帅五平四,炮9平6连杀,黑胜),卒4平5,帅五平六,炮9平4! 马六退八,象7进9,车七进二,士5退4,兵六进一,将5进1,车七退一,将5进1,车七平四,炮4平8,马八进七,马9进7,马七进六,将5平4,车四退二,卒6进1!! 车四退六,炮8进2催杀,红无解着,黑胜。

②红献车跟炮,解杀还杀,佳着! 红如误走车二平七,则卒4平5,马六退五,炮4进3闷杀,黑胜。

③黑去兵解杀,正着。如误走象7进9,则兵六进一,士5退4,车六平五,士4进5,车五退二,红胜定。

第三章　街头象棋之和杀

第1局　三打祝庄

着法:红先和(图3-1)

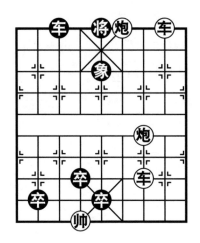

图3-1

1. 炮四退八……

正着,防止黑方卒4进1的杀棋。另有两种走法红均败:①炮三平五,象5退7,红方断将,难防卒4进1和车3进9的双杀,黑胜;②炮四平七,则象5退7,车三平五,卒4平5,车二退七,后卒平4,车二平六,卒5进1,帅六进一,卒2平3,黑胜。

1. ……象5退7!

黑弃象露将好棋。如误走将5进1,则车二平七,象5退3,车三平六,卒5进1,帅六进一,红方胜定。

2. 车二平三,将 5 进 1。

3. 后车平五! 卒 4 平 5。

黑如将 5 平 6,则车三平七,卒 5 平 4,帅六平五,后卒平 5,炮四平八,卒 4 平 5,帅五平六,后卒平 4,车七退八,红胜。

4. 车三平七,后卒平 4。

黑如改走前卒平 6,则车七退七,卒 5 进 1,炮三退三,黑方乏术,红胜。

5. 炮三平五,卒 5 平 6。

6. 帅六平五……

红如走车七平六,则卒 6 平 5,车六退七,卒 2 平 3,黑胜。

6. ……卒 4 进 1。

7. 车七退四,卒 2 平 3。

黑如走卒 4 平 5,则帅五平六,以下黑有两种走法均败:①卒 2 进1,炮五平一,将 5 退 1,炮一退四,卒 2 平 3(如将 5 进 1,则炮一平五,红胜),炮一平七,将 5 进 1,炮七进一,红胜;②卒 6 进 1,炮五进三,将5 退 1,炮五进一,卒 2 进 1(如将 5 平 6,炮五进一,卒 2 进 1,车七平四,将 6 平 5,车四平五抽卒,红胜),炮五退五,将 5 进 1,车七退四,红胜。

8. 车七平五,将 5 平 4。

9. 炮五平六,卒 4 平 5。

10. 车五退四,卒 6 平 5。

11. 帅五进一。

和棋。

第 2 局 小八仙

着法:红先和(图 3-2)

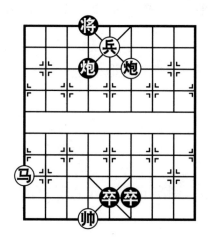

图 3-2

1. 马九进八……

正着。红如走马九退七,则卒 6 进 1,炮四平五,炮 4 进 6!马七进六,炮 4 平 2,炮五退五,炮 2 退 6,炮五进五(如炮五平六,炮 2 平 4,黑胜),炮 2 平 3,兵五平四,将 4 进 1,兵四平五,将 4 进 1!炮五退五,炮 3 进 1,炮五进四,炮 3 退 3,兵五进一,炮 3 进 1,炮五进二,炮 3 平 4,打死红马,黑胜定。

1. ……卒 6 进 1。

2. 兵五进一……

红如改走炮四平五,则炮 4 进 6!马八进六,炮 4 平 2,炮五退五,炮 2 退 6,炮五进五,炮 2 进 7,炮五退三,卒 6 平 5,炮五退四,炮 2 平 5,兵五平四,将 4 进 1,兵四平三,炮 5 平 9,兵三平四,炮 9 退 9,兵四平五,将4进1,兵五进一,炮9进1,兵五平四,炮9平4,打死红方马兵胜。

2.……将4进1。

黑如将4平5,则炮四平五,将5平4,马八退七,炮4进5,炮五退五,以下黑无进取手段,只得成和。

3.马八进七,将4平5。

4.炮四平五,炮4进5。

5.炮五退五,炮4退4。

6.炮五进四,将5退1。

7.马七退八,炮4退2。

8.马八退七,炮4进6。

9.炮五退四,将5进1。

10.炮五进二,将5退1。

11.炮五退二,卒6平5。

12.炮五退二,卒5进1。

13.帅六进一,炮4退5。

和棋。

第3局　马路七星

着法:红先和(图3-3)

1.炮一平六,车4平6。

黑车平肋,系解杀好手。

2.车一进九,车6退2。

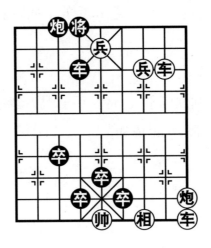

图 3-3

3. 车一平四,炮 3 平 6。

4. 兵五进一……

红先弃兵,正着,仅此一招可以弈和。红如按惯例先走帅五平六,卒 5 进 1,以下红有两种走法均败:①兵五进一,则将 4 进 1,炮六进六,卒 3 平 4,车二进一(如车二退四,卒 6 进 1,炮六平五,卒 6 平 5,炮五退七,炮 6 进 9,黑胜),将 4 进 1,车二退五,卒 5 平 4,帅六进一(如帅六平五,后卒平 5,黑胜),卒 4 进 1,帅六退一,卒 4 进 1,连杀,黑胜;②炮六进六,卒 6 进 1,兵五进一,将 4 平 5,炮六平五,卒 3 平 4,车二退六,炮 6 进 5,车二平五(如炮五退三,卒 6 平 5,炮五退四,卒 5 进 1,帅六进一,炮 6 平 4,黑胜),炮 6 平 4,车五平六,卒 4 进 1,炮五退六,炮 4 进 3,兵三平四,将 5 进 1,兵四平三,将 5 平 4,炮五进二,炮 4 平 8,炮五平六,炮 8 进 1,黑胜。

4. ……将 4 平 5。

黑如改走将 4 进 1,则车二进一,将 4 进 1,车二平五,卒 5 进 1,车五退七,卒6平5,帅五进一,速和。

5. 帅五平六,炮6进6。

6. 兵三进一,炮6平4。

7. 炮六平九,卒5平4。

8. 炮九平六,卒6平5。

9. 车二平五,将5平6。

10. 车五退六,卒4平5。

11. 帅六平五,卒5进1。

12. 帅五进一。

和棋。

第4局 平湖秋月

着法:红先和(图3-4)

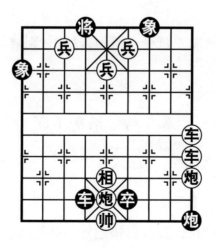

图3-4

1. 后车平六,车4退2。

2. 车一平六,车 4 退 1。

3. 兵五平六!……

妙着。解杀还杀!红若改走炮一进七,则象 7 进 9,兵四进一,炮 9 退 9,兵五平六,卒 6 平 5,帅五进一,车 4 退 3,黑胜定。

3. ……卒 6 平 5。

正着。平卒换炮是弈和的关键,黑如误走车 4 退 3,则炮一进七,象 7 进 9,兵四进一,炮 9 退 9,兵四平五,红胜。

4. 帅五进一,车 4 退 3。

5. 兵四平五……

紧着,控制黑车的活动,同时二兵可换一车。红如误走炮一平二,则将 4 平 5,黑胜定。

5. ……炮 9 平 4。

6. 炮一退三,车 4 进 2。

7. 炮一平四。

至此,黑车不能离 4 路线。黑炮若后退,则被红炮打死黑车,双方两难进取,和棋。

第 5 局　陷阱不深

着法:红先和(图 3－5)

1. 后车平六,炮 1 平 4。

红方献车照将当然之招;黑垫炮解照必然之着。黑如误走卒 4 退 3,则车一平六,车 4 退 1,炮一进六,象 7 进 9,兵四进一,连照红胜。

2. 车六退三,卒 3 平 4。

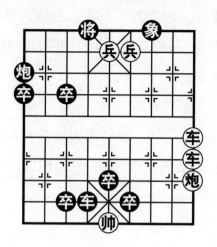

图 3-5

3. 车一平五,卒 5 进 1。

黑如误走卒 4 平 5,帅五平六,后卒平 4,炮一平六! 炮 4 平 9,车五平六,红胜。

4. 车五退四,卒 6 平 5。

5. 帅五平四,炮 4 平 9。

6. 炮一退三……

正着。红先防卒 4 进 1,再伺机兵四进一进攻,以静制动的好手! 红如急于兵四进一,则炮 9 退 2,兵四平三,卒 4 进 1,炮一退三,卒 4 平 5,炮一平五,卒 5 进 1,帅四平五,炮 9 进 2,兵三平四,炮 9 平 5,黑方胜定。

6. ……卒 4 进 1!

黑弃卒引炮,好棋! 解除红炮对黑左翼的威胁。

7. 炮一平六,炮 9 平 1。

8. 炮六进六,炮 1 退 1。

黑退炮打兵,要着。如改走卒 3 进 1,则炮六平二,炮 1 平 8,兵四进一,炮 8 退 2,兵四平三,炮 8 进 2,兵三平四,红胜。

9. 炮六平九,卒 3 进 1。

10. 炮九平四! 炮 1 平 6。

红炮平肋暗伏杀机,巧妙之着! 黑炮换兵及时,如误走卒 3 进 1,则兵四进一,炮 1 退 1,兵四平五,炮 1 平 5,炮四进三,闷杀红胜。

11. 兵五平四,卒 3 进 1。

12. 兵四平五,卒 3 平 4。

13. 炮四平五。

和棋。

红炮平中,黑卒无法左移,和定。

第 6 局　红鬃野马

着法:红先和(图 3-6)

1. 马五进四,炮 2 退 2。

2. 马四进六,炮 2 平 4。

3. 马六退七……

正着。红如误走马六退八,则象 3 退 5,马八进七,马 5 进 7,黑胜。

3. ……卒 2 平 3。

4. 马七进八!……

佳着! 红马进炮台捉炮虚晃一枪,实则暗伏马八退六的绝命杀招。

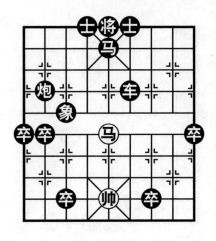

图 3 - 6

4. ······炮 4 进 8!

正着。黑唯一防红马八退六要杀的巧招。

5. 马八进九······

正着。红如误走马八退六,则卒 3 平 4 照将抽吃红马,黑立胜。

5. ······前卒平 4。

6. 帅五进一,炮 4 平 3。

7. 马九退八,炮 3 平 4。

8. 马八进九,炮 4 平 3。

至此,双方不变作和。

第 7 局　神驹跃海

着法:红先和(图 3 - 7)

1. 车一进六,后马退 8。

2. 车一平二,马 6 退 7。

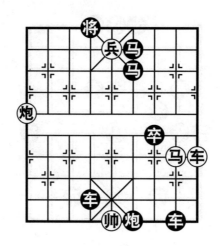

图 3-7

3. 马二进四！……

精彩之着,红弃车跃马,解杀还杀!另有两种走法:①车二平三,则炮 6 退 9,抽炮垫将反杀,黑胜;②马二进三,则炮 6 退 5!车二退九,车 4 进 1,帅五进一,车 4 平 8,黑方胜定。

3. ……炮 6 退 3。

正着,黑引回红车缓和杀势。如改走车 8 退 9 吃车,则兵五进一,将 4 进 1,马四进五,将 4 进 1(如将 4 平 5,炮九平五,红胜),马五退七,将 4 退 1,马七进八,将 4 进 1,炮九进二,红胜。

4. 车二退九,卒 7 平 6。

正着。黑消灭红马以解后患,如车 4 进 1,帅五进一,车 4 平 8 贪吃红车,则兵五进一,杀法同上。

5. 车二进九,车 4 平 7。

6. 炮九进四,车 7 退 7。

佳着。黑退车捉花心兵,逼红兑车弈和。

7. 车二平三,车 7 退 1。

8. 炮九平三。

和棋。

第 8 局　斜谷出兵

着法:红先和(图 3 - 8)

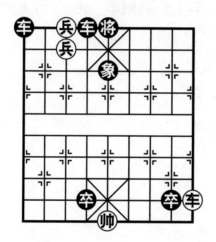

图 3 - 8

1. 车一进八……

正着。红如误走前兵平六,则将 5 平 6! 兵六平五,将 6 进 1,车一进七,将 6 进 1,黑方胜定。

1. ……将 5 进 1。

2. 车一退一,将 5 退 1。

3. 前兵平六,将 5 平 6。

4. 兵六平五,车 1 平 5。

5. 兵七平六! 卒 8 平 7。

正着。黑如改走象 5 退 7 照将,则兵六平五,车 5 进 1,车一平五,卒 8 平 7,车五退二,红胜。

6. 兵六进一!……

妙着。红老兵欺车,妙不可言!如误走兵六平五,则车 5 进 1,车一平五,卒 7 平 6,黑方捷足先登,黑胜。

6. ……卒 7 平 6!

紧着!黑如误走车 5 平 4,则车一进一,将 6 进 1,车一平六吃车捉卒,红胜。

7. 兵六平五,将 6 平 5。

8. 车一退七!……

正着。谋和之关键。

8. ……卒 4 平 5。

9. 帅五平六,将 5 进 1。

10. 车一平二。

和棋。

第 9 局　完璧归赵

着法:红先和(图 3 - 9)

1. 前炮平四,车 6 进 3。

2. 炮二平四,车 6 平 7。

黑吃相必然,如误走车 6 进 1,则前车进七,炮 8 平 2,车二进九,红胜。

3. 前车进七,车 7 退 5。

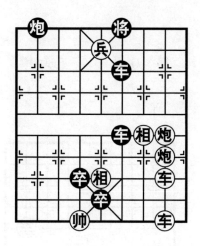

图 3-9

4. 前车平三,炮 2 平 7。

5. 炮四退二,卒 4 平 5。

6. 帅六平五,后卒平 5!

佳着,黑吃相伏杀!

7. 兵五平四! ……

红及时献兵,佳着,为以下车抢中路防守奠基。

7. ……将 6 进 1。

正着。黑如误走将 6 平 5,则炮四平一,红方胜定。演示如下:将 6 平 5,炮四平一,卒 5 进 1,帅五平四,卒 4 进 1,炮一进八,炮 7 进 2,车二进九,红胜。

8. 车二进八,将 6 退 1。

9. 车二平五,卒 5 进 1。

10. 车五退七,卒 4 平 5。

11. 帅五进一。

正和。

第 10 局　霸王卸甲

着法:红先和(图 3 - 10)

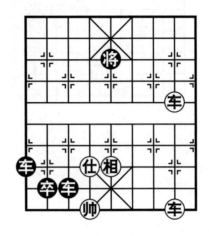

图 3 - 10

1. 前车平五,将 5 平 4。

2. 车五平六,将 4 平 5。

3. 车二平五! ……

"霸王卸甲"就是暗伏解杀还杀的意思,精妙!

3. ……车 3 退 4。

黑退车献车! 正着。如误走车 1 进 2,则相五退七,将 5 平 6,车六平四,红胜。

4. 相五进七,将 5 平 6。

5. 相七退九,车 3 平 4。

6. 车五进四,车 4 进 3。

7. 帅六平五,车 4 平 6。

8. 帅五进一! ……

弈和要着! 若被黑车抢到下二路,则红必败。

8. ……卒 2 平 3。

9. 相九退七,车 6 进 1。

10. 帅五进一,卒 3 平 4。

11. 帅五平六. .

和棋。

第 11 局   倒卷珠帘

着法:红先和(图 3-11)

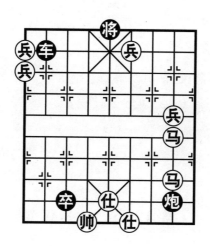

图 3-11

1. 前兵平八,卒 3 进 1!

佳着,是弈和的关键着法!

2. 帅六平五,炮 8 退 3。

3. 马二退四······

正着。红一着两用,既护底线,又照顾中路,防止黑炮 8 平 1 要杀。

3. ······炮 8 进 3。

4. 马四进二,炮 8 退 4。

5. 马二退四,炮 8 平 1。

6. 兵四进一!······

红献兵是弈和的关键!如改走马四进五,则炮 1 平 5,兵八平七,将 5 平 4,兵四平五,卒 3 平 4,黑胜。

6. ······将 5 进 1。

7. 马四进五,炮 1 平 5。

8. 兵九平八,将 5 平 4。

9. 前兵平七,将 4 进 1。

10. 兵八平七,将 4 平 5。

11. 前兵平六,炮 5 进 1。

12. 兵四平三。

和棋。

第 12 局　三军保驾

着法:红先和(图 3 - 12)

1. 炮二平四······

正着。另有两种着法红方均负:①车三进九,象 5 退 7,炮二进七,象 7 进 9,炮二平五,卒 5 进 1,黑胜;②炮二退一,车 5 平 2,炮二平

110

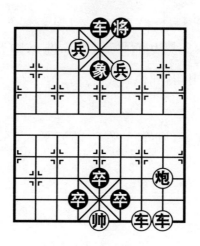

图 3-12

六,车 2 进 9,炮六退一,卒 5 进 1,黑亦胜。

1. ……卒 5 平 6。

2. 兵四进一……

红如误走车二进九,则象 5 退 7 反照,黑胜。

2. ……将 6 进 1。

3. 车三进八……

红如误走兵六平五,则车 5 进 1,车三进八,将 6 退 1,车二进九,象 5 退 7,车三平五,前卒进 1,帅五平四,卒 6 进 1,帅四平五,卒 6 进 1,连杀黑胜。

3. ……将 6 退 1。

4. 车二进一……

红如误走车二进九,则象 5 退 7,黑胜。

4. ……前卒平 5。

5. 车二平五,卒 4 平 5。

6. 帅五进一,卒 6 进 1。

黑如改走车 5 平 2,则兵六平五,卒 6 进 1,帅五平六,车 2 平 4,兵五平六,与正谱着法相同,和棋。

7. 帅五平六……

红如误走帅五进一,则车 5 平 2,帅五平六,车 2 进 7,帅六退一,车 2 平 5,黑胜。

7. ……车 5 平 2。

8. 兵六平五……

红如改走车三退一,则车 2 进 2,车三平四(如帅六进一,车 2 平 4,帅六平五,车 4 退 1,车三平四,车 4 平 6,兑车后黑胜),将 6 平 5,帅六进一,车 2 平 4,帅六平五,车 4 退 1,车四退六,和棋。

8. ……车 2 平 4。

9. 兵五平六,车 4 平 2。

10. 兵六平五,车 2 平 4。

11. 兵五平六,车 4 平 2。

12. 兵六平五,车 2 平 4。

13. 兵五平六。

双方不变作和。

第 13 局 三气周瑜

着法:红先和(图 3 - 13)

1. 炮八平五!……

正着。另有两种着法,红方均负:①兵七平六,将 5 退 1,炮八平

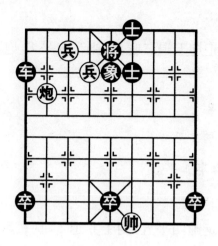

图 3-13

五,士6进5,红无手段,黑方胜定;②兵六进一,将5退1,炮八平五,
士6进5,黑亦胜定。

1.……象5进7。

黑扬象正着。如误走将5平6,则兵七平六！车1平4(如改走车
1进1,后兵平五叫杀,士6进5,兵六平五,将6退1,后兵平四,绝杀
红胜),兵六平五,士6进5,炮五平四,闷宫红胜。

2.兵七平六,将5退1。

正着。黑如误走将5平6,则后兵平五,车1平5,兵六平五,士6
进5(如车5退1,炮五平四,红胜),炮五平四,红胜。

3.后兵平五,士6进5。

4.兵五进一,将5平6。

5.兵六进一,车1退2。

6.兵六平五,车1平5。

7.炮五进三,象7退5。

8. 炮五平六……

佳着。红如误走炮五退二吃象,则卒 9 平 8,炮五平六,卒 8 平 7,双叫杀,黑胜。

8. ……卒 9 平 8。

9. 炮六退八! 卒 5 平 4。

10. 帅四进一! 卒 4 平 5。

11. 帅四进一……

正着。红如误走帅四平五,则士 6 退 5,吃兵后,形成独帅不抵两低卒的黑方例胜局面。

11. ……卒 8 平 7。

12. 兵五平六。

正和。

第 14 局 三狼斗二虎

着法:红先和(图 3-14)

1. 车四退二……

红只能如此,先解底卒要杀。

1. ……士 5 进 4!

黑支士成将军大脱袍,妙! 伏卒 5 平 4 杀。

2. 车四进九……

红献车谋和,正着。另有两种着法红方均负:①车六退一,卒 5 平 4,黑胜;②车六进一,将 5 平 4,红无法解除卒 4 进 1 的杀着,黑亦胜。

2. ……将 5 平 6。

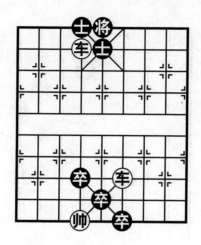

图 3-14

3. 车六进一,将 6 进 1。

4. 车六退二,卒 4 进 1。

5. 车六退六,卒 5 平 4。

6. 帅六进一。

至此狼虎争斗结束,双方仅剩将帅孤家寡人,和棋。

第 15 局　大地回春

着法:红先和(图 3-15)

1. 兵五进一……

这步棋红如改走炮二平四,则车 6 进 1,炮一平四,车 6 平 8,兵五进一,将 6 进 1,车一进五,将 6 进 1,车一退一,将 6 退 1,兵六平五(如车一平六,车 8 进 2,炮四退五,卒 5 平 4,帅六平五,车 8 平 5,黑方速胜),将 6 平 5,车二平五,将 5 平 4,车五退三,车 8 进 6,车五退一,卒 4 进 1,黑胜。

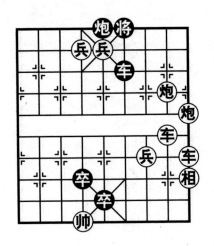

图 3-15

1. ……将 6 进 1。

黑如改走将 6 平 5 去兵，则车二平五，以下将 5 平 6，炮一平四，车 6 进 2，车一进六，将 6 进 1，兵六平五，将 6 进 1，车一退二，成黑劣而红胜。

2. 炮二平四，车 6 进 1。

3. 车二进四……

红如改走炮一平四，则车 6 平 8，车一进五，将 6 进 1，车一退一，将 6 退 1，车一平六，车 8 进 2，炮四退五，卒 5 平 4，帅六平五，车 8 平 5，黑胜。

3. ……将 6 进 1。

4. 炮一平四，车 6 平 9。

5. 车二退一，将 6 退 1。

6. 车二平六……

红如改走炮四退四，则卒 5 平 4，帅六平五，后卒平 5，帅五平四

（如车二平五,卒4平5,帅五平四,前卒平6,帅四平五,卒6平5,帅五平六,车9平4,黑胜),卒5进1,炮四进一,卒4进1,兵六平五,将6平5,炮四平五,车9平6,黑胜。

6. ……卒4进1。

7. 车六退六,卒5平4。

8. 帅六进一,车9进3。

9. 炮四退五,车9平7。

10. 炮四平六,车7进2)

11. 帅六进一,车7退1。

12. 帅六退一,车7平9。

13. 兵五平六。

红兵走闲,双方成和局。

第16局　双峰插云

着法:红先和(图3-16)

1. 车八进三……

红方另有两种走法均负:①车八平五,将5平4,车五平六,将4平5,车二平五,将5平6,车五平四,将6平5,车六退六,后卒平6,红方败阵;②车二进三,将5进1,车二退一,将5进1,车二退一,马5退6,车八平五,将5平4,车二平四,将4退1,车五平六,将4平5,车六退六,后卒平6,红方亦负。

1. ……将5进1。

2. 车八退一,将5进1。

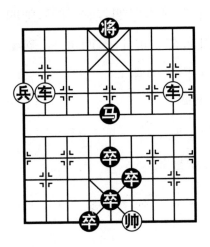

图 3-16

3. 车八退一……

红八路车连续三次照将,为以下带照吃马作铺垫,是谋和要着。

3. ……马5退4。

4. 车二平五,将5平6。

5. 车八平六,将6退1。

6. 车五平四,将6平5。

7. 车六退七,后卒进1。

8. 车六进一……

红升车"献礼"!巧妙!如改走车六进五贪胜,则前卒平6,帅四平五,卒5进1,帅五平六,卒5进1,帅六进一,前卒平5,帅六进一,卒6平5,红方双车无用,黑"三星赶月"而胜。

8. ……前卒平4。

9. 车四平五,将5平6。

10. 帅四平五,卒5进1。

11. 车五退五,卒4平5。

12. 帅五进一。

和棋。

第 17 局　螳螂待机

着法:红先和(图3-17)

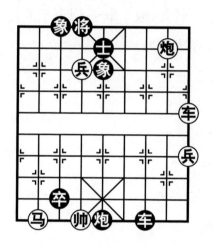

图 3-17

1. 车一进四,象5退7。

2. 车一平三,士5退6。

3. 炮三平八,车7退9。

此时另有两种着法黑均负:①车7平9,炮八进一,象3进1,炮八平四,车9平6,兵六进一,将4平5,炮四退二,红胜;②车7平6,炮八进一,象3进1,车三平四,车6退9,炮八平四,炮5平2,兵一进一,红亦胜。

4. 兵六进一……

红如改走炮八进一,则象 3 进 5,兵六进一,将 4 平 5,兵六平五,炮 5 退 8,黑胜。

4. ······将 4 平 5。

5. 炮八进一,象 3 进 1。

6. 兵六平五,士 6 进 5。

黑如改走将 5 进 1,则炮八平三,炮 5 平 2,兵一进一,炮 2 退 8,兵一进一,将 5 进 1,炮三退五,炮 2 平 4,炮三平五,士 6 进 5,炮五进四,将 5 退 1,兵一进一,亦成和局。

7. 炮八平三,炮 5 平 2。

8. 兵一进一,炮 2 退 8。

9. 炮三退五,炮 2 平 4。

10. 帅六平五,卒 3 平 4。

11. 兵一进一,将 5 平 6。

12. 炮三平五,炮 4 退 1。

13. 兵一平二,士 5 进 4。

14. 兵二平三,炮 4 平 5。

15. 炮五平四,士 4 退 5。

16. 帅五平四,将 6 进 1。

17. 兵三平四,士 5 进 6。

18. 兵四进一,卒 4 平 5。

19. 炮四进三,炮 5 平 6。

20. 炮四进二,将 6 退 1。

和棋。

第18局　止戈为和

着法:红先和(图3-18)

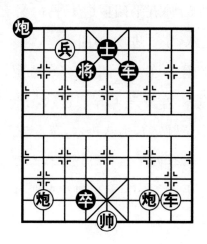

图 3-18

1. 炮三进一! ……

另有两种走法,红均负:①炮三进六,车6进6! 车二平四,卒4进1,帅五进一(如帅五平四,则炮1进9,炮八退一,卒4平5! 黑胜),炮1平5! 炮二平五,士5进6! 黑胜;②炮八进八,车6平9! 车二退一(如炮三退一,则车9平5,帅五平四,卒4平5,炮八退二,士5进6! 车二进八,车5进1,车二平六,将4平5,车六平五,士6退5,黑胜),车9平5,帅五平四,卒4平5,炮八退二,士5进6,炮八平五,炮1平6,炮三平四,卒5平6,帅四平五,炮6平5,黑胜。

1. ……卒4进1。

黑另有两种走法如下:①炮1平5,炮三平五,卒4进1,帅五进一,车6平5,以下与谱着同,和棋;②车6平5,帅五平四,卒4平5,炮八进六,车5进5,车二进六,车5退5,炮三平七,红方胜定。

2. 帅五进一,炮1平5。

黑另有两种走法,均负:①炮1进8,炮八进六,炮1平8,炮三平七! 红胜;②车6平5,帅五平四! 炮1平6(另有两种走法,黑均负:A.炮1平5,车二进八,车5进6,帅四进一,炮5平6,炮八进七,将4平5,炮八平五,将5退1,车二平四,红多子胜定;B.车5平6,炮三平四,炮1平6,炮八进六,车6进1,车二进六,士5进6,车二平四,车6退1,炮八平四,红多子胜定),炮八进六,车5进5,车二进七! 士5进6,车二平四,士5退6,车四平二,车5退3,车二退一,士5进6,炮三平四,车5平6,车二平四,车6退2,炮八平四,红方胜定。

3. 炮三平五,车6平5。

4. 车二进一,车5进5。

5. 车二平五,卒4平3。

黑炮引而不发,以卒走闲,妙! 如进炮打车,虽然也是和棋,但黑居下风求和。

第19局　水芦花

着法:红先和(图3-19)

1. 兵四平五,士4退5。

2. 兵五进一……

红如贪吃黑车,改走车四退九,则卒3平4,帅六退一,卒4进1,帅六退一,卒4进1,形成独卒擒王,黑胜。

2. ……将4进1。

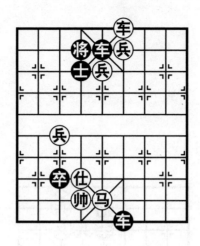

图 3-19

黑将不能吃兵,吃兵后红方车四退九去车,黑方独卒不能借将擒王,立刻溃败。

3. 马五进六……

红如改走马五进四,既解杀又避丢车,似乎是一手两用的佳着,其实不然。黑可将 4 平 5,仕六退五,车 6 平 2,红方反而子力僵滞,无法解救危局,黑胜定。

3. ……车 6 退 9。

4. 帅六平五,车 6 进 3。

5. 马六进七,车 6 平 3。

6. 帅五退一,卒 3 平 4。

7. 帅五进一,卒 4 进 1。

8. 帅五退一,卒 4 平 3。

黑方无"停着"可走,只好卒 4 平 3,所以无法逼死对方。

9. 帅五进一,卒 3 平 4。

10. 帅五退一。

和棋。

第 20 局　四面楚歌

着法:红先和(图 3-20)

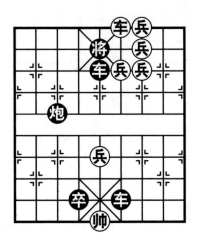

图 3-20

1. 兵四平五,将 5 平 4。

黑将占肋道,暗伏杀机,佳着。黑如改走将 5 进 1,则车四退八吃黑车,炮 3 平 5,帅五平四,黑无手段,红胜。

2. 前兵进一……

红进兵照将正着。如误走车四退八吃车,则卒 4 进 1! 帅五平四(改走帅五进一,则炮 3 平 5,黑胜),炮 3 进 5 闷杀,黑胜。

2. ……将 4 进 1。

3. 车四退二……

红迫兑黑车的唯一正解,为谋和之要着。

3. ⋯⋯车 6 退 6。

4. 后兵平四,炮 3 退 2。

5. 兵五进一,炮 3 平 6。

6. 兵五进一,炮 6 进 4。

7. 兵五进一,炮 6 平 5。

至此,黑炮占中前后移动,形成和局。

第四章 现代排局之和杀

第1局 千古绝唱

选自《北京晚报》"椰树杯"象棋排局擂台赛第二期杨官璘老师所拟《千古绝唱》（古谱修改）排局。

着法:红先和(图4-1)

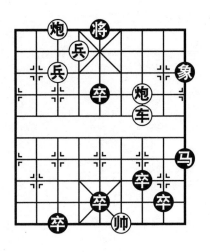

图 4-1

1. 车三平五！ 卒7平6！

首个回合双方着法精彩上演。红方卒口献车兼威胁黑花心卒,绝妙! 黑方不为所动,平卒要杀,弈来十分精彩! 双方针锋相对,互不相让。此手黑方如贪车误走卒5进1,则红炮三平八,立杀,红速胜。

2. 车五退四……

红如照将后再吃黑花心卒,即:车五进一,将5平6,车五退五,卒

3 平 4(困死红帅,妙!),炮三退五,卒 8 平 7,车五平三,马 9 进 7 再卒 6 进 1,黑胜。

2. ……卒 3 平 4!

3. 炮三退五……

退炮无奈,否则黑马 9 进 7 再卒 6 进 1 杀!

3. ……卒 8 平 7。

4. 车五平三,将 5 平 6!

5. 炮七平六,马 9 进 7。

6. 炮六退九,卒 6 进 1。

7. 帅四平五,卒 6 平 7。

8. 兵六平五……

红如改走兵七平六,则卒 7 平 6,炮六平七,卒 6 平 5,帅五平六,马 7 退 5,后兵平五,马 5 退 7! 炮七进二(防黑八角马的绝杀),马 7 进 5,炮七退一,马 5 退 7,炮七进一,马 7 进 5,炮七退一,马 5 退 7,黑一杀一闲,双方不变作和。

8. ……卒 7 平 6。

9. 炮六平七,卒 6 平 5。

10. 帅五平六,马 7 退 5。

11. 兵七平六,马 5 退 7。

12. 炮七进二,马 7 退 6!

黑马返乡防范,要着! 和棋局势已明朗。

13. 兵六进一,后卒进 1。

14. 炮七进七! 马 6 退 5。

15. 兵六平五,后卒进 1。

16. 炮七平五,后卒平 4。

17. 炮五退八。

和棋。

第 2 局　临危莫乱

选自《象棋研究》2003 年第 1 期,由特级大师杨官璘创拟。

着法:红先和(图 4-2)

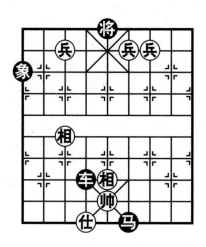

图 4-2

1. 帅五退一,马 6 退 8。

黑如将 5 平 4,则帅五平四,车 4 进 2,帅四进一,车 4 退 8! 兵七平六,将 4 进 1,帅四平五,将 4 进 1,和棋。

2. 兵三进一,马 8 退 6。

3. 帅五进一……

红如误走帅五平四,则车 4 进 2,帅四进一,马 6 进 8,帅四平五,马 8 退 9,黑胜。

3. ……将 5 平 4。

黑另有两种走法：①马 6 进 7,帅五退一,车 4 退 1,仕六进五,车 4 平 2,兵三平四,将 5 平 4,相五退三,车 2 平 5,和棋；②车 4 平 2,帅五平四,车 2 进 1,仕六进五,马 6 进 8,兵三平四,将 5 平 4,后兵平五,红胜。

4. 帅五平四,车 4 退 6。

5. 兵七平六,将 4 进 1。

6. 帅四进一,将 4 进 1。

和棋。

第 3 局　群狼斗虎

选自《象棋研究》2000 年第 5 期,由张云川先生创拟。

着法:红先和(图 4－3)

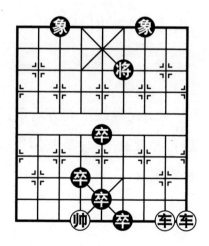

图 4－3

1. 车二进七,将 6 退 1。

2. 车一平四,将 6 平 5。

3. 车二进一!……

要着。红如误走车二平六,则后卒平 4! 车四进八(如车六退三,则卒 5 平 4! 黑胜),将 5 退 1! 车四进一,将 5 进 1,红"长将",黑胜。

3. ……将 5 退 1。

4. 车二平六,后卒平 4!

5. 车四进九! 将 5 平 6。

6. 车六退四,卒 4 进 1。

7. 车六退三,卒 5 平 4。

8. 帅六进一。

正和。

第 4 局 点石成金

选自《象棋研究》,由岳长胜先生拟局。

着法:红先和(图 4-4)

1. 车五平六……

红兑车抢先,妙手! 另有两种战法红方均负:①马一进三,则炮 9 进 8,炮三进四,车 6 退 1,帅五退一,马 1 进 3,黑胜;②马七进六,车 6 退 1,帅五退一,车 4 进 2,黑胜。

1. ……车 6 退 1。

2. 帅五退一,车 4 进 2。

黑献车解危! 必然。此时黑方如误走:①车 4 退 6,则马七进六,将 6 进 1,炮七进三,红胜;②车 4 平 3,车六进一! 炮 9 平 4,马七进

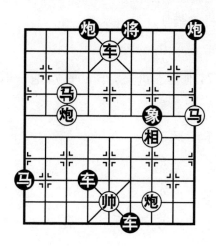

图 4-4

六,将6进1,马一进二,红胜。

3. 车六退八,马1进3。

黑如走车6进1,则帅五进一,车6平4,炮三平四,车4退5(象7退5,马七进五,将6进1,马五退四,红胜),马七进六,车4退3,炮七平四,红胜。

4. 炮三平七,车6进1。

5. 帅五进一,车6平4。

6. 马七进六! ……

红献马抢势,佳招! 如马一进二,则炮4平5,马二进一(如马二退三,则车4退5! 黑胜定),炮5平9,黑方优势。

6. ……车4退8。

7. 前炮进四,将6进1。

8. 马一进二,将6进1。

9. 马二退三,将6退1。

10. 马三进二,将 6 进 1。

11. 前炮平一,车 4 平 9。

黑如走炮 4 平 7,则马二进三,车 4 平 7,炮一退九,亦和。

12. 马二进三,车 9 平 7。

13. 炮一平六,车 7 退 1。

14. 炮六退九,车 7 进 5。

15. 炮六平五,车 7 平 3。

16. 炮七平六,车 3 进 3。

17. 炮六平五。

和棋。

第 5 局　柳暗花明

着法:红先和(图 4 - 5)

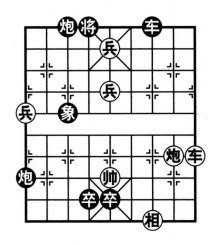

图 4 - 5

1. 车一进五,象 3 退 5。

紧着,黑落象解杀还杀。

2. 车一平三,象 5 退 7。

3. 炮二进五,象 7 进 5。

4. 炮二平七,象 5 退 3。

5. 兵九平八……

红如改走后兵平六,则炮 1 进 2,兵六进一,炮 1 平 5,帅五平六,炮 5 退 8,兵六进一,将 4 平 5,兵六平五,将 5 进 1,双方早早成和。

5. ……炮 1 进 2。

6. 帅五平四,炮 1 平 5。

7. 相三进五,卒 5 平 6。

8. 兵八进一,卒 4 平 5。

9. 相五进三,炮 5 退 6。

10. 兵八平七,象 3 进 5。

黑扬象撵走红花心兵,和势已呈。

11. 兵五平四,将 4 进 1。

12. 兵七平六,炮 5 进 1。

13. 帅四平五,炮 5 平 1。

14. 帅五平六,炮 1 平 4。

15. 兵六平五,象 5 进 7。

16. 兵五平六,炮 4 进 1。

17. 帅六平五,炮 4 进 4。

18. 兵四平五,将 4 退 1。

19. 兵六进一,炮 4 平 5。

20. 帅五平六,炮 5 退 8。

21. 兵六进一,将 4 平 5。

22. 兵六平五,将 5 进 1。

至此,红方有相走闲,成正和。

注:选自《棋牌世界》,由华瑞生先生拟局。

第 6 局　焚书坑儒

着法:红先和(图 4 - 6)

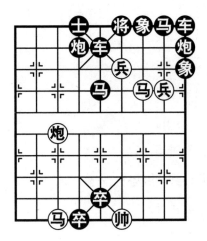

图 4 - 6

1. 炮七进五,车 5 退 1。

2. 马三进二! 炮 4 平 7。

3. 兵四进一! 马 5 退 6。

4. 马七进六,卒 4 平 5。

5. 马六退五,卒 5 进 1。

6. 帅四进一,卒 5 平 4。

和棋。

第 7 局　神马绊车

着法:红先和(图 4-7)

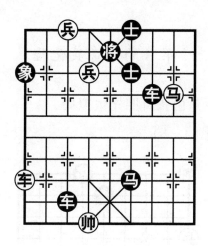

图 4-7

1. 兵六平五！……

红献兵照将,谋和佳着!

1. ……将 5 平 6。

黑如误走将 5 进 1,则车九平五杀;又如改走将 5 退 1,则兵七平六杀,皆为红方速胜。

2. 兵五平四,将 6 进 1。

3. 车九平四,将 6 平 5。

4. 车四平五,将 5 平 6。

5. 帅六平五！……

红进帅要杀,为神马绊车奠基,佳着!

5. ……车 3 平 6。

6. 车五进四,车 7 平 8。

红方升车捉车,点题;黑车啃马,无奈。双方招法皆为必然之着。

7. 车五平二,象 1 退 3。

正和。

第 8 局　奇兵化险

选自《棋牌世界》,由张日照先生拟局。

着法:红先和(图 4-8)

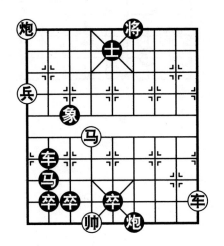

图 4-8

1. 车一进八,将 6 进 1。

2. 马六进五,象 3 退 5。

3. 车一退一,将 6 进 1。

黑如误走将 6 退 1,则马五进三,将 6 平 5,车一平五杀士,红方速胜。

4. 炮九退二,象 5 进 7。

136

必然之着,黑如误走车2退4或士5进4,红则马五退三杀,红胜。

5. 马五进七,士5进4。

正着。黑如误走车2退4,则马七进五,车2平1,马五进三,将6平5,车一平五杀,红胜。

6. 马七退八！士4退5。

7. 马八进六,将6平5。

8. 马六进八,士5进4。

9. 马八进七,车2退4。

黑如改走士4退5,则车一平五,将5平6,马七退八,象7退5,马八退六杀,红胜。

10. 车一平五,将5平6。

11. 车五退七！卒3平4。

12. 车五平六,马2进4。

13. 帅六进一……

去马是正着。红如误走马七退八贪车,则马4退6,马八退七,将6退1,马七退八,炮6平9,炮一平二,炮9退9,炮八退六,炮9平4,炮八平六,炮4进8,黑方多子胜定。

13. ……车2平3。

14. 马七退五！车3平1。

15. 马五退六,将6平5。

16. 马六退四,将5退1。

17. 兵九进一,炮6平9。

18. 兵九平八,炮9退9。

19. 马四进三,将5进1。

20. 马三进四,将 5 平 6。

21. 兵八平七,士 4 退 5。

22. 马四退二,将 6 平 5。

23. 兵七进一,炮 9 平 4。

24. 帅六进一,卒 2 平 3。

25. 马二退三,将 5 平 6。

26. 帅六平五,炮 4 平 5。

27. 帅五平六。

和棋。

第 9 局　白马解围

本局由排局圣手傅荣年先生拟局。

着法:红先和(图 4-9)

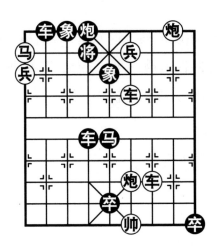

图 4-9

　1. 炮四平六,马 5 进 4。

黑如误走车 4 进 2 吃炮,则兵四平五,将 4 进 1,炮二退二,象 5 退 7,车三进五,象 3 进 5,车三退六,象 5 退 3,车四进一,象 3 进 5,车三平五,车 4 进 2,车五退一,车 4 平 5,帅四平五,车 2 进 1,兵九平八,车 2 平 5,兵八平七,将 4 退 1,兵七进一,将 4 进 1,马九退八,红胜。

2. 兵四平五,将 4 进 1。

3. 炮二退二,象 5 退 7。

4. 车三进五,象 3 进 5。

5. 车三退一,象 5 进 3。

6. 车四进一,象 7 进 5。

黑如误走象 3 退 5,则马九进七弃马,车 2 平 3,车三平六! 车 4 退 2,车四退一,黑象无处飞,红方弃子妙杀。

7. 马九进七,车 2 平 3。

8. 车三平五,卒 5 进 1。

9. 车五退六,马 4 进 5。

10. 帅四平五,车 4 平 5。

11. 帅五平四,炮 4 平 5。

12. 兵九平八,象 3 退 1。

13. 兵五进一,车 3 进 9。

黑如改走车 3 平 5 吃兵,则兵八平七,将 4 退 1,车四进一,将 4 退 1,兵七平六,前车平 4,车四平六,红胜。

14. 帅四进一,车 3 退 1。

15. 帅四退一,车 5 进 3。

16. 兵八平七,车 3 退 6。

17. 车四退六,象 5 进 7。

18. 车四平五,车 3 进 7。

19. 帅四进一,车 3 平 8。

20. 车五进四,车 8 退 7。

21. 帅四平五,车 8 平 5。

22. 车五进二,象 7 退 5。

和棋。

第 10 局　出神入化

着法:红先和(图 4 - 10)

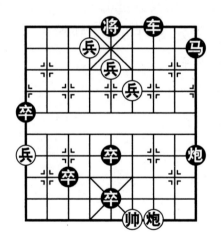

图 4 - 10

1. 兵五进一,将 5 平 6。

2. 兵五平四! 将 6 平 5。

黑如误走将 6 进 1,则兵四进一,将 6 退 1,兵四进一,将 6 平 5,兵四平五,红胜。

3. 后兵平三! ……

红献兵打车,出神之着!

3.……前卒平 6。

黑如误走后卒平 6,则兵四平五,将 5 平 6,兵六进一,卒 5 平 6,帅四平五,红胜定。

4. 帅四进一,卒 5 平 6。

5. 兵四平五……

红如误走兵六平五,将 5 平 4,炮三进九,马 9 退 7,兵四进一,炮 9退 6,兵四平三,炮 9 进 5,前兵平四,炮 9 平 5,兵四平五,炮 5 退 5,兵五进一,将 4 平 5,兵三平四,卒 3 平 4,黑胜定。

5.……将 5 平 6。

6. 炮三进九……

红如误走兵六进一抢杀,则卒 6 进 1,帅四平五,炮 9 平 5,炮三进九,卒 3 平 4,兵六平五,炮 5 退 6,炮三平五,卒 6 进 1,帅五退一,卒 4进 1,兵三平四,马 9 进 8,炮五平九,卒 6 平 5,帅五进一,卒 4 进 1,黑胜。

6.……卒 3 平 4。

黑卒逼宫,正着,兵贵神速。另有两种走法黑方均负:①马 9 退7,兵三进一,卒 6 进 1,帅四平五,卒 6 进 1,帅五退一,炮 9 平 5,兵三进一,马 7 进 9,兵三平四,红胜;②卒 6 进 1,帅四平五,炮 9 平 5,炮三平一! 卒 3 平 4,兵三平四,马 9 进 8,炮一退六,红胜定。

7. 兵三平四……

兵平肋道,入化之招! 另有两种走法黑方均负:①兵六进一,卒 6进 1,帅四退一,卒 6 进 1,帅四平五,炮 9 平 5,兵六平五,炮 5 退 6,炮三平五,卒 4 进 1,兵三平四,马 9 进 8,炮五平九,卒 6 平 5,帅五平四,卒 4 进 1,黑胜;②炮三平二,卒 6 进 1,帅四退一,卒 6 进 1,帅四平五,炮 9 平 5,炮二退八(如兵六进一,则卒 4 进 1,兵三平四,卒 4 平 5,帅五平六,卒 6 进 1,黑胜),卒 4 平 5,帅五平六,卒 6 平 5,兵六进一,后卒平 4,兵六平五,炮 5 退 6,兵五进一,将 6 平 5,兵三平四,卒 5 平 4,黑胜。

7. ⋯⋯马 9 退 7。

8. 兵六进一,卒 6 进 1。

9. 帅四进一,炮 9 平 5。

10. 帅四退一,卒 4 进 1。

11. 帅四退一⋯⋯

红如误走帅四进一,则炮 5 进 3! 帅四退一,卒 4 平 5! 帅四平五,炮 5 退 8,黑胜定。

11. ⋯⋯卒 4 平 5。

12. 兵六平七,炮 5 退 1。

13. 兵七平六。

双方分别以兵、炮走闲作和。